激動に直面する卸売市場

農業競争力強化プログラムを受けて

細川 允史 著
Masashi Hosokawa

筑波書房

はじめに―卸売市場制度大改革方針を受けて

　本書は、筆者が東京都庁、酪農学園大学、卸売市場政策研究所と47年にわたって関わって来た卸売市場の行政と研究に関する集大成の一環として、現段階のとりまとめを行うため、上梓することを企画したものです。

　執筆中に、規制改革推進会議提言と農業競争力強化プログラムが出されました。その内容が、卸売市場について急進的な改革を迫るものとなっていることから、急遽、卸売市場が新事態に対応するべき方向について正面から考察したものにしようと、これまでの蓄積を傾注して執筆したつもりです。

　筆者は、北海道にある酪農学園大学に行ってから、公設卸売市場の開設自治体から、卸売市場の改革プランの作成について依頼が入るようになり、大学勤務が終了して東京に戻って、ライフワークとして卸売市場政策研究所を立ち上げてからも依頼は途絶えず、今までに30市場を超えています。改革プランの作成に関わる中で、本書の経営戦略（展望）に対する考察にあるように、現場の状況を深く知ることができ、それへの対応についても経験を積んできました。また、卸売市場政策研究所の会員社・団体は、今125に達し、公設卸売市場だけでなく、民設民営卸売市場も多数加入しているところです。これらから、公設卸売市場と民設卸売市場の違いなども実感として把握することができました。これらが蓄積となって、卸売市場制度・政策のあり方の醸成に非常に役に立ってきました。

　今回の規制改革推進会議の提言や農業競争力強化プログラムは、政府の方針として出されているものであり、それが、現在の卸売市場法制度・体制とは非連続的な内容を持っていることから、その分析を行い、今の卸売市場の抱える問題の解決方向を含めて、筆者としての一定の対応方向を示したところです。その内容は、第10章にまとめとして箇条書き的に示したところです

が、第1章～第9章は、その考察過程を詳述しております。順に読んでいただければと思いますが、端的にお知りになりたい場合は、第10章に最初に目を通されることも一方法かと考えます。

　本書は、政策提言という性格から、卸売市場の全局面にわたる総論とならざるを得なくなりましたが、卸売市場については様々な課題があります。例えば、経営戦略（展望）の具体的つくり方、施設整備の具体的かつ詳細なあり方、卸売市場の運営体制・運営のあり方の具体的課題、人材確保育成のあり方、ICTシステムの具体的課題、市場間連携の具体的手法と課題、その他、多岐にわたります。これらについて、テキストとして使えるレベルのものを協力研究者とともにつくることで、卸売市場発展のお役に立つとともに、卸売市場研究の深化に貢献することを今後の目標としたい、と考えております。各位のご支援をよろしくお願いいたします。

　最後に、これまでご高配・ご指導いただいた、全国水産卸協会・伊藤裕康会長、東京青果・大井博之常任監査役、日本花き市場協会・磯村信夫会長をはじめとする卸売市場関係者、国や地方公共団体の行政関係者、それに卸売市場に関わる研究者の皆さん、とりわけ本書の完成に大きなご助力をいただいた、農林水産省農林水産政策研究所・小林茂典上席主任研究官、琉球大学農学部・杉村泰彦准教授、その他研究者仲間の皆さん、及びこれまで何度か執筆の御相談をしながら、かつ執筆自体が遅れてご迷惑をおかけしながらも、辛抱強くお待ちいただき、貴重なアドバイスもいただいて、本書が世に出ることができた筑波書房・鶴見治彦社長に深く感謝いたします。

　卸売市場政策研究所URL　http://www.pluto.dti.ne.jp/shijouseisakuken/
　メールアドレス　　　　　hosokawa-kotta-8751@pluto.dti.ne.jp
　2017年2月

　　　　　　　　　　　　　　　　　　　　　細川允史（ほそかわ　まさし）

目　次

はじめに―卸売市場制度大改革方針を受けて ……………………………… *iii*

第1章　激動の幕開けと新時代の展望 ………………………………………… *1*

第2章　今の卸売市場の状況分析概括―進む現状と制度の乖離― ……… *9*
　　1　全国総流通量の中での卸売市場の役割の総括 ……………………… *9*
　　2　現状と卸売市場法制度との乖離 …………………………………… *14*
　　3　卸売市場整備基本方針の迷走化 …………………………………… *20*

第3章　政府決定『農業競争力強化プログラム』の分析と卸売市場の対応 … *26*
　　1　衝撃の提言 ……………………………………………………………… *27*
　　2　卸売市場側から見た農業競争力強化プログラムが出された背景 …… *28*
　　3　規制改革推進会議とはどのようなものか …………………………… *29*
　　4　農業競争力強化プログラムのうち、卸売市場に関わりがある部分の抜萃
　　　　……………………………………………………………………………… *31*
　　5　卸売市場に関わる抜萃部分の逐条的検討 …………………………… *34*
　　6　「合理的理由のなくなっている規制の廃止」の具体的内容の検討 …… *41*
　　7　公設卸売市場のあり方への影響 …………………………………… *43*
　　8　委託手数料の見える化 ……………………………………………… *45*
　　9　出荷側の出荷行動の課題 …………………………………………… *46*
　　10　整備への影響の懸念―11次方針はどうなるのか― ……………… *17*
　　11　提言および農業競争力強化プログラムが出る背景としての卸売市場の「制
　　　　度疲労」 ……………………………………………………………… *48*
　　12　部類ごとの影響の考察 …………………………………………… *50*

第4章　市場間格差拡大の深刻化 ……… 55

1　市場間格差の分析手法 ……… 55

2　各種法による分析 ……… 57

3　自県内での自己完結などない ……… 66

第5章　市場間格差拡大の対応策Ⅰ
—中央拠点市場制度に代わる集荷支援システム— ……… 68

1　拠点市場は存在するのに、中央拠点市場制度はなぜ潰えたか ……… 69

2　県域を超えた実効性ある集荷相互支援システムへの展望—核は市場単位ではなく卸売会社単位— ……… 73

第6章　市場間格差拡大の対応策Ⅱ—広域調整・連携・連合の考え方— ……… 76

1　県境を超えた広域の考え方のきっかけと到達点 ……… 77

2　広域調整・連携・連合の考え方 ……… 78

3　広域調整・連携・連合の考え方を踏まえた整備計画の必要性 ……… 84

4　広域調整・連携・連合の考え方の制度化を希望する ……… 84

第7章　戦略レベルの経営戦略（展望）作成のポイント ……… 86

1　筆者が取り組んだ経営戦略（展望）作成の経験から ……… 86

2　地方公営企業としての公設卸売市場 ……… 88

3　第10次方針の経営展望方針は公設卸売市場で可能か ……… 89

4　実行されていない経営展望
　　—理由は二つのジッコウセイの不足— ……… 92

5　戦略と展望の違い ……… 94

6　競争の中から道は開ける ……… 96

第8章　卸売市場の多機能化と多様化—発想の拡大と転換— ……… 98

1　収入源を求めて ……… 98

2　多機能化のイメージ ……… 99

3　多様化とは ……… 100

目　次　*vii*

　　4　多様化の概念の卸売市場 ································· *102*

　　5　開設者と市場企業による多機能化の違い ············· *103*

第9章　公設卸売市場の将来と民設民営卸売市場 ············· *105*

　　1　規制改革推進会議提言に見られる公設卸売市場への考え方 ··· *106*

　　2　開設運営体制の企業化と民営化の流れ ··············· *108*

　　3　公設卸売市場の将来不透明化の理由 ················· *108*

　　4　公設公営制から遠ざかる開設・運営形態の多様化 ····· *112*

　　5　違う視角からの卸売市場の変更手法 ················· *121*

　　6　広域連合の卸売市場の場合の管理運営体制は、北海道7空港運営民営化が
　　　　参考になる ······································· *122*

　　7　広域調整・連携・連合の考え方が実現しなかった場合どうなるか ······ *123*

　　8　企業化・民営化した公設卸売市場は、民設民営卸売市場と同じではない ··· *124*

　　9　公設卸売市場の将来について ······················· *125*

　　10　民設民営卸売市場の存在感拡大 ····················· *126*

　　11　民設民営卸売市場に対する支援のあり方 ············· *127*

　　12　卸売市場の施設整備問題 ··························· *128*

第10章　卸売市場制度・政策のあり方の考察―新制度の考え方私論― ····· *135*

第11章　寸言録 ······································· *139*

　　①　「老舗は常に新しい」 ····························· *139*

　　②　「従業員と議論をすることで育てる」················· *139*

　　③　「『そこをなんとか』精神で」····················· *140*

　　④　「ありません、ガチャンはだめ」··················· *140*

　　⑤　「『素人はひっこんでろ』とは何事か」············· *141*

　　⑥　「『所属卸売市場への貢献度』概念で市場活性化を」····· *142*

　　⑦　「身の丈にあった経営」························· *142*

　　⑧　「名門意識を捨てよ」····························· *143*

　　⑨　「なかよしクラブはダメ」························· *143*

viii

⑩「既得権益の期限付き化でリセットを」………………………… *144*

⑪「卸売市場の司令塔をどうつくるか」………………………… *144*

⑫「市場間・市場外との競争は陣地戦」………………………… *145*

⑬「みんなで立ち向かえば無理も引っ込む」…………………… *145*

⑭「決まらないシュートは打たない」…………………………… *146*

⑮「昭和時代との決別」…………………………………………… *146*

⑯「こんな卸売市場もある—青森県南部町・町営の卸売市場—」………… *147*

参考文献一覧……………………………………………………… *148*

第1章

激動の幕開けと新時代の展望

　2016（平成28）年11月中旬に、ある卸売会社の社長から卸売市場政策研究所にメールが入り、「協会理事会に農水省関係者が来場し、規制改革推進会議・農業ワーキンググループでの検討資料を持参され、説明を受けました。非常にショッキングな内容でした。」というものであった。その内容については、お会いしたときにお話しするとしていてまだその機会がないが、恐らく、「特に卸売市場については、食料不足時代の公平分配機能の必要性が小さくなっており、種々のタイプが存在する物流拠点の一つとなっている。現在の食料需給・消費の実態等を踏まえて、より自由かつ最適に業務を行えるようにする観点から、抜本的に見直し、卸売市場法という特別の法制度に基づく時代遅れの規制は廃止する。」という部分がもっとも目を引いたのではないか。

　しかし、これだけでは、「時代遅れの規制の廃止」は、どの規制が対象かということは気になるにしても、ある意味で当然のことである。これにプラスして次の内容がショックを増幅したのではないだろうか。同年11月11日の全農改革に関する提言の中で、「全農は、農業者のために、実需者・消費者へ農産物を直接販売することを基本とし、そのための強力な販売体制を構築すべきである。このため、全農は、自らの体制整備と合わせ、農林中金と密に連携して、実需者・消費者への安定した販売ルート を確立している流通関連企業の買収を推進すべきである。全農は、農業者のために、自らリスクを取って農産物販売に真剣に取り組むことを明確にするため、1年以内に、委託販売を廃止し、全量を買取販売に転換すべきである。」とする部分である。

　まず、卸売市場経由の流通が、全農＝農協ルートの出荷では否定されていると取れる。また、全農＝農協は、農業者から出荷品を買い取って販売するべきである、と言い、その論理で、販売先について、農業者から委託を受け

ての出荷方式はダメで、農業者には前もって買い取りとして代金を支払い、全農＝農協のリスクで販売先に当たるべきである、といっている。卸売市場に出荷するとしても、これが適用されるとなると、卸売市場への影響は大きいだろう。

同年11月29日に出された政府決定の農業競争力強化プログラムでは、「中間流通（卸売市場関係者等）については、抜本的な合理化を推進することとし、事業者が業種転換等を行う場合には、国は政府系金融機関の融資、農林漁業成長産業化支援機構の出資等による支援を行う。特に卸売市場については、経済社会情勢の変化を踏まえて、卸売市場法を抜本的に見直し、合理的理由のなくなっている規制は廃止する。」「全農は、農業者のために、実需者・消費者へ農産物を安定的に直接販売することを基本とし、そのための強力な販売体制を構築する。」などとされ、卸売市場に関して、提言の表現は和らげられている。

全農改革に関する部分については、「農業者・団体から実需者・消費者に農産物を直接販売するルートの拡大を推進する」として、こちらも若干、表現が和らげられてはいるものの、基調は変わっていない。また、規制改革推進会議の提言自体、内閣府で作成されているので、底流で提言の考え方が基調として残っていると考えていいだろう。

この背景には、いろいろな限界を指摘されながら、元々後追い行政と言われていた卸売市場法の改正が遅々として進まなくなり、事実との乖離が極限に来ていたということは、卸売市場関係者みなが感じていると思う。農業競争力強化プログラムにある「業種転換をするほどの抜本的な合理化の推進、卸売市場市場法を抜本的に見直して、合理的理由のなくなっている規制は廃止する」というのは、政府としての本腰の姿勢を感じる。

これらを総合すると、わが国のこれまでの卸売市場政策の大きな転換となる可能性が高い。

筆者はかねてから、公設卸売市場の行き詰まりの深刻化などから、公設卸売市場は、企業化を経て民営化に向かわざるを得ず、将来的には公設卸売市

場と民設民営卸売市場の同列化を主張してきた（第9章「公設卸売市場の将来と民設民営卸売市場」、第10章「卸売市場制度・政策のあり方考察」参照）。

農業競争力強化プログラムでは、「上記改革を推進するため、農産物の流通・加工に関し、国の責務、業界再編に向けた推進方法等を明記した法的整備を進める」とあるので、そう遠くない時期に具体策や法制度の整備も出されるであろうから、真意については、これから明確になると考える。

ある省OBの言葉を紹介する。「既存の組織は大抵保守的になりますので、どこかから"天の声"が出ることで改革のきっかけになるということかと思います。しかし、保守勢力は既存の省庁のみならず、政党、業界団体など沢山ありますから活発な論戦が始まり、改革か又は少なくとも改善が図られることになるのだと思います。いずれにせよ、国内外や分野を問わず、多くの課題、閉塞感があり、改革の声や議論がなされることは必要なことであり、望ましいことと考えます。」

よく理解できる的確なコメントと考える。

今、筆者は思う。大げさに言えば……

私たちは今、卸売市場維新の歴史的瞬間に立ち会っているのかも知れない。改革の意見を上げることによって、歴史に参加することも含めて、卸売市場関係の皆さんや研究者などは、どんどん意見を発信して、よりよい卸売市場制度をつくる絶好の機会が与えられたと考えた方がよい。

卸売市場関係者に衝撃を与えた2016（平成28）年10月6日決定の規制改革推進会議提言の後、同年11月11日の農協改革に関する提言が出たが、その内容が急進的過ぎるということで、全農側や議員筋からも異論が出て調整が行われ、最終的に同年11月29日に政府が両提言をまとめて「農業競争力強化プログラム」として決定した。

「合理的理由のなくなっている規制は廃止する。」の具体的な項目も伝わってきている。

これまで、卸売市場法を基礎としながら、進む実態との乖離を関係者の利害との調整をしながら慎重に是正してきたやり方が、遅々として進まない印象を与え、現状との乖離を大きくし、的確な対応ができなくなった迷走状態となっていた、とは多くの卸売市場関係者が指摘していたところである。特に、公設卸売市場においてその感が強かった。

急進的とも言える今回の動きは、前述した、ある省OBの言が的確にコメントしているのかもしれない。

卸売市場の行政や研究に40有余年関わってきて、多くの卸売市場改革を手懸けた筆者の気持ちとしては、今回の一連の動きが、本文で詳述する長い間の制度疲労、既得権益による障害や外部の圧力（独占禁止法違反行為を含む）などのよどみや外部バイアスの存在が、卸売市場改革に大きなさまたげとなっていることの打破・解決に資する希望を持たないわけではない。しかし一方で、規制改革推進会議の提言の中で、「特に卸売市場については、食料不足時代の公平分配機能の必要性が小さくなっており、種々のタイプが存在する物流拠点の一つとなっている。」とある部分の表現が、卸売市場の公的役割として積み重ねられてきた考え方の転換も迫られていると取れることには、課題も感じているところである。筆者は生鮮品の商品特性に卸売市場はマッチしていると思っているし、今ある卸売市場は、形を変えても生き残って欲しいと願っている。

いずれにしても、本書は大手術となる卸売市場について、筆者の経験に基づく分析を提供し、卸売市場関係者にとって卸売市場発展のお役に立てればという気持ちと、卸売市場研究に取り組む後進の参考になればという気持ちで、今回まとめたものである。

2016（平成28）年2月5日に行った、卸売市場政策研究所主宰・第5回卸売市場研究会で、これまでの研究活動のまとめとしての本を出すと宣言して、その後、折を見て執筆を続けていた矢先に出た農業競争力強化プログラムは、事態を一変させるインパクトを持っている。しかしその内容の多くは、卸売市場政策研究所が第9次方針以降、卸売市場政策として国に提言している内

容とかなりの部分、重なっていることに気がついた。当時の国の対応は、「いうことはわかるが実行困難」、というものだったと受け取っている。いろいろな柵による障害があって、穏やかな話し合いでは現状を変えるのは困難というのは当然で、閉塞感が濃厚であった。そうしている内にも現実と制度の乖離が大きくなっており、それの補正はしていなかったわけではないが、遅々としているといわれても仕方ない状態であった。それを一気にガツンとやったという状況である。しかし、卸売市場の本質が一変するようでは、本末転倒となる。今後、どのような制度改革となるか、注視したい。

　筆者も2016（平成28）年8月に、内閣官房に呼ばれて今回の提言につながる事項について意見を聞かれている。筆者は、集荷や卸売市場機能の実態を踏まえて、広域的視野での卸売市場の連携的役割と、自治体ではなく市場企業のグループ化による市場機能発揮の考え方を説明した。

　今回の農業競争力強化プログラムは基本的考え方を示したもので、その具体化はこれからである。卸売市場法改正を伴うのは確実であるし、法的整合性がとれないとして新法となる可能性もあるし、そのような報道もある。具体策がいつ出るのか、はまだ不透明であるが、具体策が出るのを待たずに現時点で出版と思ったのは、制度が具体的に作られる過程でも、筆者としては卸売市場の役割が真に果たせるように努力したいし、本書の読者各位も発言することにより、改革に参加できる一助としていただければ、と考えたからである。具体策が明確になり、卸売市場への影響もはっきりしてきた段階では、より具体的な分析が出来ることになり、筆者としても、その段階では、より具体的に卸売市場に役立つ内容にした本書の続編も検討したいと考えている。

　筆者はかなり以前から、公設卸売市場や現行卸売市場法制度の行き詰まりを指摘している（巻末の参考文献一覧参照）。さらに、打開策として、わが国の卸売市場制度は、第三段階に移行する過渡期であると主張している。つまり、江戸時代における第一段階から始まるわが国の卸売市場制度は、**図1**に示すように、現在の第二段階を経て、第三段階に入りつつある、としたも

図1　わが国卸売市場制度の歴史的変遷とこれからの展望

第一段階　民の時代――江戸時代～大正時代の問屋制卸売市場時代
第二段階　公の時代――昭和時代～今日の中央卸売市場法、卸売市場法体制時代
　　　　　（公設卸売市場・中央卸売市場中心主義）
第三段階　公・民の融合の時代（双方の長所を活かした苦難の時代への対応）
　　　　　広域調整・連携・連合の考え方による多様な卸売市場の役割発揮時代

［経済に垣根なしを前提→市、都道府県では対応しきれない／多様・多重の役割で農漁業の振興と川下側の安定に貢献／公設卸売市場の企業化・民営化／公設・民設卸売市場の併存同列化／中央と地方の区別の廃止／広域的視野で卸売市場・卸売会社等はお互いに集荷支援／共同荷受け的機能の充実／仲卸の機能発揮の支援／関連店舗のあり方柔軟化と親しまれる卸売市場づくり支援／差別的取扱禁止原則、受託拒否禁止原則は必要／人口減少・高齢化に対応／国・自治体の財政悪化に対応／地域文化・健康増進・観光対応等に貢献／生き残りのための多機能化・多様化の創意工夫の容認・奨励　　等々］

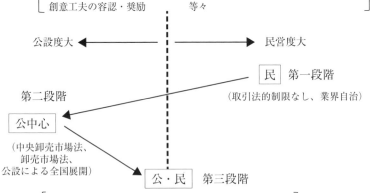

［企業化・民営化必至で公設度希薄化の公設卸売市場と民設民営卸売市場の連携・総合施策化／広域調整・連携・連合の考え方による卸売市場行政の広域化／卸売市場の施設整備について国等の支援の継続／水産卸売市場への配慮（公設制の維持など）］

細川允史作図

のである。歴史は、第一段階の完全民営の問屋制卸売市場が、法的秩序がなかったために、詐欺瞞着行為が横行する結果となり、その反動から真逆に振れて公設公営の中央卸売市場中心となった。しかし、企業が大型化し、取引の経済合理性が重視されるようになってきたことによる行政主導の崩れに自治体財政の悪化が加わって、公設公営制がゆらぎから崩れへと移行しつつあるのが現段階で、一方では民設民営卸売市場の存在感が増す状況となっている。これらの状況の改善策として考えたのが、広域調整・連携・連合の考え方である。

　公設制がこのまま継続できないのは明らかで、将来は多くが企業化（PFIなど）・民営化必至な公設卸売市場と民設卸売市場の同列化（総合化）による総合的な卸売市場の公的役割の確保、その結節点は広域調整・連携・連合の考え方による、というのが現実的方向であると筆者は考えるに到り、これを第三段階と位置づけているところである。なお、公設卸売市場由来の民営化市場と、元々の民設民営卸売市場とは同じにはならないということに留意する必要がある。つまり、公設卸売市場では開設自治体が全体を見る立場ではあるが、卸売市場全体の経営を戦略的に指揮する立場にはないし、各市場企業の経営指導をする立場ではない。かといって市場企業は横並びの存在であり、従って司令塔不在により、卸売市場単位の戦略の立案実行は困難である。

　一方の民設民営卸売市場は、一般には1社しかない卸売会社が卸売市場の開設者であり、仲卸や関連事業者などの許認可権を持っていて司令塔としての役割が明確であり、現実にそれが実行されている。その違いが大きい。この考えおよび関連事項の詳細については、第9章「公設卸売市場の将来と民設民営卸売市場」を参照していただきたい。

　生鮮品の特性として、需給変動が大きい、季節性がある、産地移動がある、等の変動要因があり、定時定量の流通システムに向かず、生鮮品流通には卸売市場の形態がもっとも適した流通システムであり、時代が変わっても、形を変えながらも絶えることはないだろう。もし強制的に制度として廃止して

も、自然発生的に再生されるだろう。これは歴史が教えていることである。このことに確信を持ち、具体的あり方は卸売市場に関わっている方々が作り上げていくものであると考えている。

　なお、水産卸売市場について特記しなければならない。農業競争力強化プログラムでも、水産卸売市場については言及されていない（除外されているかどうかは断言できないが）。水産卸売市場においては、冷蔵庫や定温施設等の施設整備に、青果卸売市場などよりも多くの経費を要する。水産卸売会社の経営状況では、公設卸売市場への依存度は大きい。公設卸売市場の開設自治体の財政悪化傾向が明らかな中で、どう行政の支援を確保するかということが大切な課題である。公設卸売市場の、より効率的な運営の徹底的追求を含めて、公的支援を強める工夫が望まれる。青果と別の制度体系とすることも必要かも知れない。水産卸売市場の関係者の中には、青果卸売市場と別の法体系を望む声も一部にある。一方で、卸売市場全体の整合性という考え方も大切である。関係者で大きな議論を望みたい。

第2章

今の卸売市場の状況分析概括
―進む現状と制度の乖離―

【主題】

○今の状況分析のポイントとしては、全国総流通量の中での卸売市場の役割の総括、市場間格差の拡大、取引方法の多様化、卸売会社と仲卸の役割の変化、中央卸売市場と地方卸売市場の問題、大型民設民営卸売市場の存在感増大、公設卸売市場における運営体制の問題、開設自治体の財政問題、卸売市場機能の多様化、等が起きてきている。

○現状と卸売市場法制度との乖離が大きくなり、現行法下ではその対応に限界が出てきている。

1　全国総流通量の中での卸売市場の役割の総括

　表1に、わが国卸売市場の部類別状況について、1989（平成元）年と24年後の2013（平成25）年の間の推移の年次比較を示した。

　表1に基づいて、以下により部類別に分析する。

(1) 青果部・野菜果物全体

　青果部全体では、全国総流通量は若干の減少はあるものの、ほぼ横ばいである。全国総流通量が維持されているなかで、卸売市場だけが減少しているといえ、この四半世紀における市場外流通の伸びが明白である。市場経由量、市場経由率は約3割前後の減となっているが、それでも絶対値は60.0％とま

表1　わが国卸売市場の部類別状況推移の年次比較（金額ベース）

（単位：千トン、花きは億円、%）

年度・項目		青果	野菜	果実	水産物	食肉	花き
1989	総流通量（A）	23,661	15,113	8,548	8,744	3,179	5,247
	市場経由量（B）	19,558	12,888	6,670	6,520	745	4,355
	市場経由率 B/A	82.7%	85.3%	78.0%	74.6%	23.5%	83.0%
	中央市場取扱量（C）	11,597	7,645	3,952	5,651	366	559
	中央市場シェア C/B	59.3%	59.3%	59.3%	86.7%	49.1%	12.8%
2013	総流通量（A）	22,019 (93.1)	13,977 (92.5)	8,042 (94.1)	6,100 (69.8)	3,695 (116.2)	4,685 (89.3)
	市場経由量（B）	13,202 (67.5)	9,806 (76.1)	3,396 (50.9)	3,300 (50.6)	362 (48.6)	3,655 (83.9)
	市場経由率 B/A	60.0% (72.6)	70.2% (82.3)	42.2% (54.1)	54.1% (72.5)	9.8% (41.7)	78.0% (94.0)
	中央市場取扱量（C）	8,091 (69.8)	6,174 (80.8)	1,917 (48.5)	2,615 (46.3)	218 (59.6)	1,264 (226.1)
	中央市場シェア C/B	61.3% (103.4)	63.0% (106.2)	56.4% (95.1)	79.2% (91.3)	60.2% (122.6)	34.6% (270.3)

資料：平成 27 年版卸売市場データ集より。
注：1）（　）内は、1989 年度を 100 とした、ほぼ四半世紀後の 24 年後の 2013 年度の指数に着目して部類ごとに考察する。
　　2）中央市場シェアは、卸売市場データ集の計算式と違い、卸売市場全体の経由量の中での中央卸売市場のシェアということを示している。つまり、中央と地方の比率である。

だ過半を維持している。中央卸売市場の取扱量は全体の減少より低く、そのため卸売市場のなかで中央卸売市場が占める比率はわずかだが増加し、中央卸売市場シェアは61.3％となっている。なお、前年（60.2％）よりも中央卸売市場シェアは増加しており、中央卸売市場の比重の高まりを示している。これは市場間格差の一断面である。

(2) 青果部・野菜

　野菜だけ取ってみると、野菜の全国総流通量はわずかに減少しているなかで、市場経由量は4分の3になっている。市場経由率は70.2％とほぼ7割を

確保していて、野菜流通における卸売市場の存在感は大きい。中央卸売市場シェアが上がってきていることも注目すべきことである。集荷の大型卸売市場への集中ということができる。第4章で詳述する。

　対応策⇒野菜については、全国総流通量は確保されているのだから、卸売市場経由率を上げることが重要である。それには、市場外流通に流れた理由を克服していけばよい。決め手は産地との連携で、もっと産地に密着し、産地の生産コストを考慮した価格設定で生産者を掴むことであろう。

　水産市場に比して青果市場の野菜部門では、取扱量は全体として横ばいとなっており、1991（平成3）年のバブル崩壊以降、続いていた取り扱いの下降傾向は一段落している。水産市場で下降線が止まらない大きな理由は消費者の「魚離れ」にあると考えている。同じ動物性タンパク源である食肉に負けてきているからである。その意味では、野菜には代替商品となるライバルはない。その点は恵まれていると言えるが、日本人の野菜の消費絶対量は多いとは言えない。

　厚労省の日本人1人1日当たりの摂取基準量は350gであるが、現実の消費量はいま平均で270gである。後2割強は伸ばせる計算になる。特に若い人の野菜消費量が少ないのが問題で、今後の取り組みが重要である。

(3) 青果部・果実

　果実は、全国総流通量の減少がほとんどないことがひとつの特徴である。そのなかで、卸売市場経由率は年々大幅な減少を示している。卸売市場経由率が40％を割るのも近いと見られる。卸売市場における果実入荷量の減少は、卸売市場の企業に大きな影響を与えている。取扱減少に比例して企業の担当者数を減らすわけにはいかず、人件費負担率が増えて赤字要因になってきている。これは卸売会社の経営にとって重大な問題である。

　果実の消費動向は、1人当たり年間消費量は、ほぼ40kg（1日当たりに直すと110g）で、横ばいである。つまり、果実消費量は減ってはいない。し

かし、国が定めた1人1日当たり消費量基準は、1日200gであるのに比すると、まだ半分程度で、それだけ消費拡大の余地があるということになる。これについては、卸売市場も努力が必要である。

　数年前に、野菜350g・果物200g運動というのがあったが、いつのまにか下火になってしまった。改めてこの数値を見ると、基準量の半分しか消費されておらず、これが果実の生産、流通の低迷の一因と分析する。ファーストフードや菓子類などに流れているのだろうか。

（4）水産物部

　水産物部の特徴は、全国総流通量自体が四半世紀の間に指数69.8と大幅に減少していることである。農業部門の各部類と比較しても、水産部門の全国総流通量の減少は目立っている。その減少分だけ市場経由量が減少するのはしかたがないことであるが、現実はそれを上回る減少（指数50.6）となっていて、全国総流通量が減少するなかで市場経由率は指数72.5と減少し、2016（平成28）年の市場経由率は54.1％とかろうじて過半を確保するまでになってきている。統計には水産物の内訳がないが、卸売市場においては、鮮魚はまだかなり過半を超えた率を確保しており、塩干加工品、冷凍品の入荷が激減しているのが実態である。

　水産物は、地方卸売市場に比べて中央卸売市場のシェアが大きいことも特徴で、79.2％を占める。それでも1989（平成元）年と比較すると、中央卸売市場のシェアは86.7％だったから、後退したことになる。水産に多い中央卸売市場の地方化の影響もあると思われる。

　また、食肉部の数値で、食肉の全国総流通量が23年間で指数115.5と伸びていることが重要で、つまり動物性タンパク源が水産物から食肉に移行している現状を示している。

　水産物部の立場に立てば、動物性タンパク源を魚で摂取してもらう努力が必要で、現に卸売市場関係団体も含めて、「魚を食べましょう」という運動に熱心に取り組んでいる。

「魚離れ」といわれて久しいが、水産物専門の大型小売企業が実績を上げるなど、必ずしも「魚離れ」とはいえない事象も起きており、魚の売り方の問題など、これから魚消費拡大に向けてやるべきことは多い。

全国流通量の減少、市場経由率の低下、魚離れの3重苦に見舞われている水産部門が、卸売市場の部類の中で最も深刻であると考えている。

(5) 食肉部

食肉部においては、全国総流通量の増加は水産物部の項で述べた。卸売市場からみた特徴は、卸売市場経由率が著しく低いということで、しかも年々減少傾向が進行している。その理由についてのコメントは困難な点もあるが、筆者の認識としては、以下の理由によるものと考えている。

①生体を食肉処理する必要があるが、その施設が産地の地元に食肉センターとして分布していて、そちらで枝肉にした方が、生体の輸送費も含めてコストが安い。

②都市部にある食肉市場と産地食肉センターの販売価格に差がない場合が多い。差がある一部の食肉（高級和牛など）は、今でも食肉市場出荷が多い。しかしその食肉市場というのは、東京など活発な消費層を持つ一部市場に限られている。価格差がある高級肉が入荷しない多くの食肉市場は経営が苦しい現状にある。**表1**を見ると、1989（平成元）年から2013（平成25）年に到る24年間で中央卸売市場のシェアが1.23倍に上がっていることに示されている。

③ただ、食肉の建値指標としての食肉市場の意味づけはある点が、食肉市場の経由率が下がっても存続している一理由ではある。

(6) 花き部

全国総流通量がやや減少するなかで、卸売市場経由率は高率を維持しているのが、花き市場の特徴である。また、大手花き市場への集中傾向に拍車がかかるなかで、中央卸売市場の比率が急増しているのが特徴である（2.7倍）。

花き市場で気になるのは、全国総流通量の低下が無視できないレベルにあることである。花きは食べ物ではないので、別になくても生命維持には影響ない。そのために、社会情勢に左右されやすい。左右されにくいとされた冠婚葬祭需要（特に葬儀）も、近年は孤独死（葬儀主催者がいない、最後は行政が処理）、直葬（葬儀を行わない、火葬のみ）、家族葬（簡単な葬儀）などが増えて、本格的な葬儀が減っている。飾る花も、伝統的な菊一辺倒から多様化している。冠婚葬祭に頼る菊生産者も再考が必要となっている。

一方で、商業施設に駅構内にある花屋が、買いやすい価格のブーケを並べるなどで実績を上げている店も出てきている。花きによる効能として空気浄化や癒しリラックスをうたう「心の栄養剤」という言い方を花き業界が作ってポスター、パンフレットなどでキャンペーンをしている。積極的に心豊かな生活をつくっていく取り組みが今後も望まれる。

2　現状と卸売市場法制度との乖離

(1) 現行卸売市場制度のルーツと展開過程

今の卸売市場法のルーツは1923（大正12）年制定の中央卸売市場法にある。制定時の大正期は、企業的商業や組織的農業も未発達で、個人の商人、個人の生産者が中心であった。明治時代後半の日本における資本主義の発達で工業化が急速に進み、都市に労働人口が急増した。都市化の進展とともに、都市の生活インフラとしての卸売市場の整備も必要になり、時代遅れになった問屋制卸売市場から、公設公営の中央卸売市場で、公的に卸売市場整備を進めたのが中央卸売市場法である。これは当時の政府の大変な英断で、生鮮品流通として日本社会にマッチした。それ故に、公設公営主義は今日まで続いて来たといえる。

しかしながら、今日の状況と合わない部分も目立つようになり、そのほころびが、ひとつは卸売市場の衰退の方向に行き、もうひとつは変身による延命という方向での動きにつながっている。変身による延命は、卸売市場法と

の乖離を広げている。その乖離が極限に達していることが次章で取り上げる、2016（平成28）年11月29日に政府決定された「農業競争力強化プログラム」に繋がっている。

(2) 差別的取扱禁止原則と受託拒否禁止原則

　中央卸売市場法とその後継である卸売市場法を貫いている原則は、差別的取扱禁止原則と受託拒否禁止原則である。両法は、公設卸売市場を中心とした体系を考えているから、行政が主導するしくみとしては、公平原則が基本となる。中央卸売市場法が成立した大正時代は、零細な個人出荷者と個人小売商が中心であったから、資格さえあれば平等に仕入れが出来る、少量でも出荷できて換金できる、というしくみが必要であった。卸売市場に公的資金を投入する機構として、これは定着して来た。

　この両原則は、今でもわが国の農漁業の実情と合致している部分が多いと考える。卸売市場がなければ、わが国の生鮮品流通はまだまだ混乱する状況が多い。それは**表1**の卸売市場経由率に示されている。

　しかし、差別的取扱禁止原則と受託拒否禁止原則を金科玉条にすることによる弊害も見逃せない。一例として、経営が悪くなった仲卸であっても、仕入れの権利を制限するのは、差別的取扱禁止原則がどこまで適用できるか、という問題があって対応が遅れがちである。すると、現物は仲卸に渡っているのに代金支払いが滞って、結果として卸売会社が大損害が出た、というケースも発生している。これについては、与信管理のしくみをしっかりルール化する必要がある。

　また、受託拒否禁止原則についても、出荷者側がほとんど価値のない物品を産業廃棄物として処理することによるコストの回避のために卸売市場に出荷して来たという例もあった。差別と区別とは異質である。正当な理由がある場合は、両原則の適用を拒否できるしくみの明文化が必要である。

　差別的取扱禁止原則と受託拒否禁止原則は、卸売市場の公的役割の根幹をなす重要な原則であり、将来とも堅持が必要であるが、それが悪用されない

しくみも同時に充実させる必要がある。

それと同時に、与信管理や代金決済の合理化なども推進することが、卸売市場の信頼性と経営改善のために必要である。

(3) 卸売会社と仲卸の役割

中央卸売市場法はセリ入札原則だったが、卸売市場法で大型流通に対応して、相対取引、予約相対取引が例外的に導入され、それが1999（平成11）年にセリ取引と相対取引が同列化された。しかし、集荷側の卸売会社と販売側の仲卸・売買参加者との区別（役割の特化）は、制度上は今に到るまで維持されている。卸売会社による第三者販売と、仲卸による直荷引きは例外とされている。しかし、大型の小売需要者等は卸売会社との直接取引を望み（第三者販売）、また卸売会社に集荷力が乏しい場合は、仲卸が他市場等から直接仕入れる「直荷引き」が無視できない状況となっている。さらに、多様化するユーザーへの卸売市場側の対応として、卸売会社と仲卸の連携した取り組みというのも出てきている。この場合、全ての仲卸を対象にするわけに行かず、厳密に言えば差別的取扱禁止原則に抵触する恐れがある。

つまり、役割分担の考え方が、現状と卸売市場法が合わなくなってきている。

ただ、もし第三者販売と直荷引きの双方を自由化するとしても、それは卸売市場内部の解体ではなく、その卸売市場の取引確保のために、大型流通は第三者販売、仲卸に適した取引については市場で手に入らなければ直荷引き、とお互いの立場を理解しながら、卸売市場全体の力量補強という視点で協力体制をつくるという考えが望ましい。

(4) 商物分離

商物分離は、現物取扱いが原則の卸売市場においては容認されていなかった。しかし、実態としては、かなり以前からあった。筆者が30年前に調べたときも、ある卸売会社で約2割は商物分離であった。これは、小売需要者側

第2章　今の卸売市場の状況分析概括　　*17*

が大型化するにつれて、卸売会社への注文量が増え、トラック1台分になると、産地から一旦卸売市場に荷を降ろしてまた出て行く（積み替えの必要がないのに規則ということでわざわざ積み替える）というのはコストと時間が余計にかかり、経済合理性がないことになる。この要望が強くなり、2004（平成16）年の卸売市場法改正で、商物分離は電子商取引（当然、仲卸経由）に限って容認されるようになったが、この方式では使い勝手が悪く、実際にはほとんど実施されずに今日に至っている。

　一方で、違法ではあるが従来の簡単な電話等の約束事で実施される商物分離は潜行していた。卸売会社に、第三者販売と商物分離が自由化されれば、両者の組み合わせで、仲卸抜きの産地から実需者への一気通貫の直取引が可能になる。

　卸売市場を通した大型流通としての商物分離の規制緩和の要望は、第10次卸売市場整備基本方針の設定過程でも強く出されたが、卸売市場法との整合性を考慮してと思われるが、国が採用するには到らなかった。商物分離の問題点のひとつは、商物分離取引においては仲卸はなにもすることがない、ということである。これで手数料を取るということは、その分、生産者にとっては根拠のない手数料を取られるということになる。これは現状と制度の乖離の例となる。商物分離が自由化となれば、この乖離・矛盾は極限に達することになる。

　中央卸売市場の卸売会社には定期的に国の検査が入るが、違法の商物分離が見つかると必ず指摘される。しかしやらなければ競争に負けるし、どうすればいいんだ、という卸売会社の不満を筆者もよく聞くことである。国の検査のやり方も、検証が必要である。

　無制限に商物分離を認めて、それが大半ということになると卸売市場という取引施設の存在意義に影響するので問題と思うが、これも現状と制度の乖離といえるだろう。

(5) 出荷奨励金等の見直し

　青果卸売会社にヒアリングすると、出荷奨励金が高額化し、会社経営を非常に圧迫しているという声を頻繁に聞く。出荷奨励金は元々、戦後の農協系統出荷振興策として、大型流通の程度が高いほど出荷奨励金の比率を高くするという制度として始まったもので、農協系統機関の経営安定に成果があったのは事実である。しかし、農協の大型合併などで比率の上昇が続き、卸売会社の話によると、出荷奨励金比率が1000分の12くらいまで上がっているという。1000分の8（つまり0.8％）までなら卸売会社の経営で耐えられるが、それを超えていてとても大変、というのである。

　相手があることなので一筋縄でいかないと思うが、卸売会社の経営安定は卸売市場制度安定の要である。

　なお、卸売会社（青果、花き）のなかには、出荷奨励金が直接生産者に行くのであれば払うのに異議はないが……という声も少なくない。

(6) 民設民営卸売市場への援助

　卸売市場政策研究所ではメール会員という制度を持っていて、卸売市場政策に関する討議をメールでやりとりするものだが、現在（2016年）、125の企業・団体が加入している。青果、水産、花きの中央卸売市場、公設卸売市場、民設民営卸売市場がまんべんなく加入しているので、いろいろな意見が寄せられる。民設民営卸売市場からは、施設整備について行政の補助金がまったく出ないかほとんど出ない、卸売市場の土地建物に対する固定資産税が重荷で減免してもらいたい、などの意見が寄せられる。これについて国に聞いてみると、民設民営卸売市場は企業であるので、経営自由度が高い。企業に対して公金による補助は適当でない、ということであった。一理あるとは思うが、民設民営卸売市場も卸売市場法に基づく差別的取扱禁止原則、受託拒否禁止原則などが適用される公的役割を有しており、その部分について行政支援があってもおかしくないのではないか、とも考える。

第2章 今の卸売市場の状況分析概括　*19*

　まして、自治体財政悪化が将来確実に見通される中で、公設卸売市場からの行政の関与軽減、公設卸売市場の民営化、などが進むことは確実と考えられる。卸売市場が将来とも生鮮品流通に大きな社会的役割を果たすとすれば、民設民営卸売市場の役割は今よりも大きくなることが考えられる。将来の卸売市場の担い手としての民設民営卸売市場を行政として支援することは頷首されることと考える。

(7)　優越的地位乱用行為について

　筆者が各地の卸売市場で卸売会社や仲卸などと話をしていると、川上側、川下側から、卸売市場法に抵触する行為の強要、不当な協力要請などがされていて、それがなければ億円単位で営業利益が増える、という声をよく聞く。証拠を示すことは本書では適当ではないので、具体的なことの記述は避けるが、このようなことは卸売市場の体力を弱め、引いては卸売市場が生鮮品の円滑な流通の主役でいられなくなることに繋がる。それは、卸売市場を出荷、あるいは仕入れ先としてあてにしている層にとってマイナスとなる。独占禁止法の適用により厳しく取り締まるという主張も出来るが、お互いに理解し合う関係を作って長く安定した取引が出来るようにするのが、わが国農漁業、そして小売川下側、消費者にとって幸せなことである。行政や卸売市場側も、その方向での取り組みを望みたい。

(8)　その他の卸売市場法と実態の乖離の事例

　その他、以下に簡単に列挙する。
　①市場取引委員会という制度は、1999（平成11）年の法改正で、取引の規制緩和とともに、取引の全体把握と混乱防止という視点で設けられたと考えている。これが機能していない卸売市場が多いが、機能していて、委員の全員賛成制だと、卸売会社の第三者販売は必ず仲卸の委員から反対されるなど、現状を変えることが困難で、保守性の大本となる傾向がある。こういう内向きなことでは他との競争に勝てない。

②公設卸売市場における司令塔の不在。第7章「戦略レベルの経営戦略（展望）作成のポイント」で詳述しているが、改革プランをつくっても、それを遂行する力量を持つ組織がない。これは、現状と法制度の乖離というか、元々の制度に規定がない。開設自治体は行政だから、市場企業の経営活動に関わる事項について、口を出す権限がない。各市場企業をさらにまとめて、皆が従うしくみがない。各市場企業は対等である。これを変えようとすると、公設卸売市場の企業化、民営化という方向になるが、今の卸売市場法制度とはなじまない。

③国や開設自治体（地方公共団体）の財政がこの先、悪化するのはほぼ必然であり、人口減と高齢化でマーケットの縮小も必然である。これを想定した将来的な卸売市場の施設整備のあり方、という視点が、今の卸売市場法にはない。第9章（「公設卸売市場の将来と民設民営卸売市場」）参照。

3　卸売市場整備基本方針の迷走化

(1) この10年来、短期間に方針変更

　第8次方針以降、国が5年ごとに定める卸売市場整備基本方針はこれまでとは質的変化をし、その結果、2016（平成28）年に策定された第10次方針にいたって、方針の迷走状態が明白になったと考えている。これはとりもなおさず、わが国の卸売市場制度・政策に対する方針の迷走化を意味する。1971（昭和46）年に制定された卸売市場法が、激しい流通状況の変化に合わせるべく、度重なる改定を加えてきたことで、ついに現行卸売市場法の精神としてはこれ以上の変更は困難という段階に到り、代わるべき制度・政策を明確化できなかったことが迷走の原因である。第9次方針策定の際、農水省の卸売市場担当者から、「これ以上の卸売市場法改正は無理」という発言を聞いたことがある。

　これ以上の政策方針転換は、卸売市場法によらず、新法を策定しなければ

表2　第8次方針以来の方針の変遷

項　目	第8次方針	第9次方針	第10次方針
中央卸売市場の強制的地方化	実施	実施	条件緩和→実質的に適用なし
経営展望策定	－	実施（コンサル方式）	実施（市場独力方式）
中央拠点市場制度	－	実施	撤回

できないというところまで来ている。しかし、卸売市場法に代わってどのようなしくみとしたらよいか、その明確な道筋は筆者も含めて誰も提起できていない。農業競争力強化プログラムは、このタイミングで出された。

　第8次方針以来の方針の特徴を**表2**に示す。

(2) 中央卸売市場の強制的地方化

　第8次方針で始まった中央卸売市場の強制的地方化は、第9次方針でも継続され、多くの中央卸売市場の強制的地方化が実施された。強制的地方化を避けようと、自ら地方化した中央卸売市場も出た（**表3**参照）。

　強制的地方化は、正確には第8次方針で、当該中央卸売市場であって、次に掲げる指標のうち3以上の指標に該当するものは、中央卸売市場の再編に取り組むものとすること。なお、中央卸売市場が総合卸売市場である場合にあっては、当該市場が取り扱う各々の取扱品目の部類ごとに指標を適用するものとすること。として、①当該中央卸売市場における取扱数量が当該中央卸売市場に係る中央卸売市場開設区域（以下「開設区域」という。）内における需要量未満であること。②当該中央卸売市場における取扱数量が、㋐青果物にあっては65,500トン未満、㋑水産物にあっては35,000トン未満、㋒花きにあっては6,000万本相当未満、であること。③当該中央卸売市場における取扱数量が直近で3年間連続して減少し、かつ、3年前を基準年とする取扱数量の減少率が、㋐青果物にあっては9.9％以上、㋑水産物にあっては15.7％以上、㋒花きにあっては7.4％以上であること。④以下のいずれかの要件に該当すること。㋐当該中央卸売市場の市場特別会計に対する一般会計からの繰入金が直近で3年間連続して総務省の定める操出し基準を超えているこ

22

表3　基本方針に定める「中央卸売市場の再編」の取組実績

再編措置実施年月	市場名	再編措置実施部門			再編措置内容	再編措置実施年月日
		青果	水産	花き		
2006(H18)年4月	釧路市	●	/	○	地方転換	H18年4月1日
	大分市	●	●	/	地方転換	〃
2007(H19)年4月	川崎市南部	○	○	○	地方転換	H19年4月1日
	藤沢市	○	/	/	地方転換	〃
	三重県※	/	○	/	地方転換	〃
	尼崎市	○	○	/	地方転換	〃
2008(H20)年4月	呉市	○	○	/	地方転換	H20年4月1日
	下関市	○	/	/	地方転換	〃
	佐世保市千尽※	/	/	○	地方転換	〃
2009(H21)年4月	三重県※	●	/	/	地方転換	H21年4月1日
	函館市	●	/	/	地方転換	〃
2009(H21)年10月	室蘭市	●	●	/	地方転換	H21年10月1日
2010(H22)年4月	山形市	●	●	/	地方転換	H22年4月1日
	松山市中央	/	/	○	地方転換	〃
2011(H23)年3月	松山市水産	/	○	/	地方転換	H23年3月31日
2011(H23)年4月	甲府市	●	●	/	地方転換	H23年4月1日
	富山市	●	●	●	地方転換	〃
2012(H24)年4月	秋田市	●	●	/	地方転換	H24年4月1日
	岡山市	/	/	●	地方転換	〃
	宮崎市※	/	/	○	地方転換	〃
2013(H25)年4月	宮崎市※	/	●	/	地方転換	H25年4月1日
	佐世保市千尽※	○	/	/	地方転換	〃
	佐世保市水産	/	●	/	地方転換	〃
2014(H26)年1月	北九州市	/	○	/	地方転換	H26年1月1日
2014(H26)年3月	高知市	/	○	/	地方転換	H26年3月31日
2014(H26)年4月	福島市	●	○	●	地方転換	H26年4月1日
	千葉市	●	○	/	地方転換	〃
	船橋市	●	○	/	地方転換	〃
2013(H25)～2015(H27年)度末	東京都大田		○		集荷・販売面において東京都築地市場と連携	集荷・販売面において東京都築地市場と連携
	東京都足立	/	○			

基本方針に定める「中央卸売市場の再編」の取組予定市場

再編措置予定年月	市場名	再編措置実施部門			再編措置内容
		青果	水産	花き	
2014(H26)年度末まで	横浜市南部※	●	○	/	横浜市本場に統合し廃止
2015(H27)年4月	横浜市南部※	/	/	○	地方転換
	姫路市	○	/	/	〃
	高松市	/	/	●	〃
2015(H27)度末まで	福岡市西部	●	/	/	福岡市青果に統合し廃止
	福岡市東部	●	/	/	福岡市青果に統合し廃止
2016(H28)年4月	いわき市			○	地方転換
2016(H28)年度末まで	青森市			○	〃

〈凡例〉
○：再編基準該当市場
●：自主的再編市場
※：同一市場で、段階的に再編措置を実施した(又は予定)の市場
／：部門の設置がない

と（食肉市場に関する記述は省略）。④当該中央卸売市場における当該取扱品目の部類に係る取扱数量の過半を占める卸売業者が直近で３年間連続して卸売市場法第51条第２項各号のいずれかに該当していること。

　以上のうち３条件に該当すると、①〜⑤のいずれかの措置に取り組むべし、というものである。その措置とは、①市場運営の広域化（広域の開設者への地位の継承）、②地方卸売市場との連携、③他の卸売市場との統合による市場機能の集約、④集荷・販売面における他の卸売市場との連携、⑤市場の廃止その他市場流通の効率化、である。

　この方針は第９次方針で受け継がれた。第10次方針では、地方化の条件がさらに厳しくなるのでは、と水面すれすれの卸売市場では戦々恐々としていたのが、一転、条件が緩くなり、事実上、該当する中央卸売市場はひとつもなかった。これで胸をなで下ろしたというのは甘いが。

　もし第10次方針以降で、同じ条件で強制的地方化を進めて行くと、人口減で卸売市場取扱量の先細りは明らかであるので、次々に地方化されるはずである。これは方針の転換といわざるを得ないし、かつて地方化した卸売市場の中央卸売市場復帰を認めるわけでもない。これまで強制的に地方化された卸売市場からすれば不公平感は免れない。

　結果として、３条件に抵触しても中央卸売市場に残った市場と、10年前の第８次方針、５年前の第９次方針で強制的に地方化した卸売市場の差が出来た。中央卸売市場と地方卸売市場の区別というのが入り乱れて一貫性を欠くものとなった。筆者がかねてから主張していることだが、中央卸売市場と地方卸売市場の区別の廃止、というのが、方針としてもっとも一貫性がある。

　まして、強制的地方化を、同じ中央卸売市場でも部類ごとに指定するとしたために、極端な例では、青果が中央卸売市場（第９次方針では中央拠点市場も）、水産が地方化、という例も出ている。同じ卸売市場での一体的運営が出来なくなる。

　また、地方化した公設卸売市場では、開設自治体が撤退して指定管理者制度を導入したところも多く、事実上、行政は運営から手を引いて、いわば卸

売市場活性化の努力を諦めた形になっているところも多い。強制的地方化は、その卸売市場がダメだから指定されたのであって、地方化により活性化するから指名したということは絶対にないはずである。いわば引導を渡したということである。引導を渡された開設自治体はどう対応すればいいのか。その手当があったとは聞いていない。

　今ある中央卸売市場と地方卸売市場の並列というしくみをどう整理していくのか、は大きな課題である。

(3) 公設卸売市場における経営展望策定はどこまで出来るのか

　経営展望策定は、第9次方針で導入され、第10次方針で受け継がれた。元々、経営展望というのは、短期、中期、長期と分けて策定するもので、それを5年後にまた作れというのはどうかと思う。違いは、第9次方針では、策定にコンサルタント会社が関わるのを容認し、その費用に補助金をつけたが、第10次方針ではこの補助金はなく、開設自治体と市場企業が「一体となって」、つまり自力で作りなさいという方針になったことである。

　各卸売市場での経営展望策定は非常に重要なことであって、行き当たりばったりでない一貫した方向性を持った卸売市場運営、そして施設整備は当然のことである。それを「一体となって」作るのも、全員が合意納得して実行していくためには大切なことではある。

　しかし、ことはそう簡単ではない。これについては、第7章で詳述しているのでそちらをご覧いただきたい。

(4) 中央拠点市場制度の撤回

　これは、第9次方針で導入されたものが、次の第10次方針で、わずか5年で撤回された、まさに朝令暮改、迷走化の象徴のような出来事である。

　実をいうと、第9次方針において中央拠点市場制度が導入されたのには、筆者にも責任の一端があるのかも知れない。第9次方針策定の委員会で、国の要請で筆者が意見を述べた。そのときに、当時、集荷力格差が顕在化し、

第2章　今の卸売市場の状況分析概括　　*25*

多くの卸売市場が集荷難で衰退するのを見て、ある地域的包括範囲を想定して、その中の集荷力が強い卸売会社が中核となって、集荷支援としての拠点市場制度を提案した。それが採用になった結果かどうかはわからないが、第9次方針で、中央拠点市場制度ができた。しかし、その内容は、筆者が考えていた集荷支援の具体性があるものではなく、規模が大きく、かつ開設区域外へたくさん転送している卸売市場を半ば機械的に中央拠点市場と指定したものであった。基準となる数字だけで選んだので、筆者が見るに、広域の拠点市場とは言えない卸売市場も多々あった。全国で、本当の意味の広域中央拠点市場というのはいくつもない。また、同一部類に複数の卸売会社がいる中央卸売市場においては、特定の大型卸売会社だけが拠点機能を担っていて、市場単位での指定に違和感があった。また、基準だけなら該当しそうな民設民営卸売市場もあったが、中央卸売市場に限定されて無視されている。

　第10次方針で撤回された理由は、指定されてもなんのメリットもないということだと推察する。通常のやり方で転送は行われている、ということである。

　しかし、筆者は、第10次方針が出た後も、集荷の集中化はさらに進み、実効性ある拠点機能の確保の必要性は増している。それについての筆者の考え方は出来ている。詳細については、第5～6章「市場間格差拡大の対応策Ⅰ、Ⅱ」で述べている。

第3章

政府決定『農業競争力強化プログラム』の
分析と卸売市場の対応

【主題】

○2016（平成28）年11月29日政府決定の「農業競争力強化プログラム」
の内容は、卸売市場にとっては衝撃とも言える内容であるが、冷静に
分析する必要がある。

○基本的には、TPP絡みでの全農改革と連動している。全農に対して、
生産者からの買取販売と実需者・消費者への直販を「指示」するなど、
本当に実施されれば卸売市場への影響が大きい。しかし、実行性を疑
問視する声もある。

○卸売市場についても、「卸売市場法を抜本的に改正し、合理的な理由
がない規制の廃止」など、大きな変更が示されている。

○このような大きな変更は、これまで既得権益などで遅々として進まなか
った卸売市場改革を一気に進める要素も持っている。

○農業競争力強化プログラムでは消去されたとは言え、同年10月6日の
内閣府規制改革推進会議提言で、卸売市場の公的役割を否定する表現
があり、特に公設卸売市場への影響が懸念される。

○卸売市場側にも、中央卸売市場法以来の長年の卸売市場制度の経過の
中で制度疲労し、現実と制度の乖離が制度改良では追いつかなくなっ
てきた面がある。

○生鮮品流通には卸売市場のしくみが最適であることは変わらず、これ
からの時代に対応していく気持を持てば、卸売市場の生きる道は必ず
開けると確信している。その具体策が大切である。

○政府決定は、「農業」が対象となっているが、全農改革と連動して策定したものであるから、青果市場、花き市場には直接の影響がある。食肉も全農と関係があるが、食肉市場は、生体出荷・枝肉販売という特殊な出荷・販売形態であることから、全農の買取販売は卸売市場経由においては実行性が疑問視される。

○水産卸売市場については、農業競争力強化プログラムでは触れられていないが、卸売市場法の改定（もしくは新法の制定）を含むことは確実であるから、水産卸売市場も無関係ではない。しかし、施設整備に青果市場に比べて多額の事業費を要すること、産地市場で水揚げされた水産物の販売先として、非常に重要であり、わが国の漁業振興のためにも、公設卸売市場の維持など、特別の配慮が必要であることを強調しておきたい。→民設民営卸売市場の大型水産市場は、青果に比べて少ない。

○卸売市場のしくみの根幹は公的役割であり、その核心部分は差別的取扱禁止原則、受託拒否禁止原則であり、その堅持が、公設、民設を問わず、公的役割を持つ卸売市場存続のために重要である。

1　衝撃の提言

　2016（平成28）年10月6日に内閣府規制改革推進会議が決定した提言は、卸売市場関係者に衝撃を与えた。特に、「特に卸売市場については、食料不足時代の公平分配機能の必要性が小さくなっており、種々のタイプが存在する物流拠点の一つとなっている。現在の食料需給・消費の実態等を踏まえて、より自由かつ最適に業務を行えるようにする観点から、抜本的に見直し、卸売市場法という特別の法制度に基づく時代遅れの規制は廃止する。」とした下りは、これだけ読んだら、卸売市場関係者は「えらいことになった」という感じを持つかも知れない。卸売市場関係者の中には不安の声が広がってい

28

る。しかし、逆に、全国の卸売市場の開設自治体や卸売市場の関係者の中に
は、このことをあまり知らないという部分もある。これでは、新事態に対処
できない。

　これまで生鮮品流通で卸売市場が中心になってきた歴史がある。心配しす
ぎても、逆に無関心でもいけない。農業競争力強化プログラムで卸売市場に
ついて指摘されていることには、長い間の卸売市場の歴史の経緯の中で、制
度疲労して改革が進まなかった部分もあり、その掃除にいい機会というとら
え方もできる。本章は、卸売市場の立場で、農業競争力強化プログラムをど
う受け止めるべきか、について考察することを目的としている。

2　卸売市場側から見た農業競争力強化プログラムが出された背景

　この提言が出る背景には、2014（平成26）年から政府が取り組んでいる全
農改革の一環という事情がある。政府の農業改革は、同年、政府の規制改革
会議が全国農業協同組合中央会（JA全中）を頂点とした中央会制度の廃止
などを提言したことに始まる。2015（平成27）年にJA全中の監査・指導権
限の廃止やJA全農の株式会社化を可能とするよう農協法が改正された。同
年10月のTPP交渉合意を受け、わが国の農業者への影響の対策として、わが
国の農業改革のプログラム策定を追求してきた政府・与党（具体的には規制
改革推進会議と自民党「農林水産業の骨太方針づくりに向けたプロジェクト
チーム」）は、全農の購買事業による肥料や農業機械などが企業による販売
価格よりも割高であることを批判し、また、販売事業（農業者に代わって農
産物を販売する事業）は、基本的に農家が価格変動リスクを負うしくみにな
っていて、JA全農は手数料を上乗せしているだけと問題視した。

　この指摘が、内閣府規制改革推進会議の2016（平成28）年11月11日の提言
に結びつく。そのうち、卸売市場に関わる内容は、「全農は、農業者のために、
実需者・消費者へ農産物を直接販売することを基本とし、そのための強力な
販売体制を構築すべきである。」、「全農は、農業者のために、自らリスクを

第3章 政府決定『農業競争力強化プログラム』の分析と卸売市場の対応　*29*

取って農産物販売に真剣に取り組むことを明確にするため、1年以内に、委託販売を廃止し、全量を買取販売に転換するべきである。」というもので、まさに、これまでは、農業者から預かった品を委託出荷で卸売市場に出荷して、卸売価格は卸売市場で決め、そこから委託手数料を引いた額が送金されて、そこから農協が農協の手数料を差し引いた額が農業者に振り込まれる、という流れであった。それを、買取販売とすると、農協が農業者から出荷品を買い取るから、農業者はその時点で確実な収入を得ることができる、としたものである。

　買い取りで原価を背負った農協は、販売のリスクを負うことになる。卸売市場出荷だと、委託販売の場合は、出荷側が交渉で値決めをすることができず、農協の経営が安定しない。相対取引でも、卸売会社の相対の相手は仲卸や売買参加者などの買手側であり、出荷者ではない。というところが、農協（全農）の販先は実需者・消費者にするべし、そうすると原価を背景とした取引価格の交渉ができるとなったのだ、と筆者は解釈する。

　11月11日の全農についての提言はあまりに急進的過ぎる、と全農側の異論もあり、同年11月29日の政府決定の農業競争力強化プログラムでは、調整の結果、緩和される部分があり、最終的内容は、「国は、農業者・消費者のメリットを最大化するため、農業者・団体から実需者・消費者に農産物を直接販売するルートの拡大を推進する。併せて、農業者の所得向上に資する食品製造業等との連携を一層促進する。」となって、「1年以内に、委託販売を廃止し、全量を買取販売に転換するべきである。」というのは削除された。しかし、「農業者・団体から実需者・消費者に農産物を直接販売するルートを拡大推進する。」という、卸売市場を通らないルートの拡大推進というのは明記されている。卸売市場への大きな影響は避けられない。

3　規制改革推進会議とはどのようなものか

　政府決定の農業競争力強化プログラムの基をつくった規制改革推進会議と

はどのようなものか。もともと規制改革会議というのが内閣府にあった。規制改革推進会議は、内閣府設置法に基づく内閣府本府組織令38条にて設置され、同令39条により、「経済に関する基本的かつ重要な政策に関する施策を推進する観点から、内閣総理大臣の諮問に応じ、経済社会の構造改革を進める上で必要な規制の在り方の改革（国及び地方公共団体の事務及び事業を民間に開放することによる規制の在り方の改革を含む）に関する基本的事項を総合的に調査審議すること」をつかさどる機関（審議会）である。

　一旦、民主党政権時代に廃止されたが、2013（平成25）年１月18日、第２次安倍内閣は当会議の復活を閣議決定し、同月23日に内閣府内に設置された。それが、2016（平成28）年に、地方創生を進めていくため規制改革会議は廃止し、規制改革推進会議となった（議長：大田弘子・政策研究大学院大学教授）。規制改革推進会議には、農業、人材、医療・介護・保育、投資等、の４つのワーキンググループが設けられている。

　2016（平成28）年10月６日に農業ワーキンググループの会議で了承された提言（題名「総合的なTPP関連政策大綱に基づく『生産者の所得向上につながる生産資材価格形成の仕組みの見直し』及び『生産者が有利な条件で安定取引を行うことができる流通・加工の業界構造の確立』」、以下「10月６日提言」と呼ぶ）は、このような背景を持っている。

　また、同年11月11日には、農協改革に関する提言（題名「農協改革に関する意見」→以下「11月11日提言」と呼ぶ）が行われた。この内容は、全農を大きく変えようとするもので、急進的過ぎる、と全農はもとより、関係議員からも大きな異論の声が出て、小泉進次郎・自民党農林部会長等が調整に入り、最終的に11月29日に与党合意としてまとめられ、政府決定の農業競争力強化プログラムとなった。したがって、11月29日の方針が今後の方針の正式のスタートラインとなると考えられる。しかし、削除された提言の内容が、根底では考え方として生きていたということは、その後の経緯で明らかになりつつある。

第3章　政府決定『農業競争力強化プログラム』の分析と卸売市場の対応　*31*

4　農業競争力強化プログラムのうち、卸売市場に関わりがある部分の抜萃

2016（平成28）年11月29日に合意した農業競争力強化プログラムの『2 生産者が有利な条件で安定取引を行うことができる流通・加工の業界構造の確立』の全文を掲げる。なお、卸売市場に関わる、特に重要な部分については、アンダーラインを引いてある。

(1)　生産者に有利な流通・加工構造の確立

現在の食料需給・消費の実態等を踏まえた効率的・機能的で農業者と消費者双方がメリットを受けられる流通・加工構造を確立するため、以下のとおり取り組む。

その際、農林水産省、経済産業省をはじめ政府一体となって取り組む。

①農産物の流通構造や加工構造は、農業の競争力を左右する重要な要素であり、国は、国内外の農産物の流通・加工の実態等を定期的に把握し、公表する。

②国は、農業者・消費者のメリットを最大化するため、農業者・団体から実需者・消費者に農産物を直接販売するルートの拡大を推進するとともに、農業者の所得向上に資するよう農業者・団体と食品製造業との連携を一層促進する。

　また、農業者の努力・創意工夫と消費者のニーズ・評価が双方で情報交換できるようICTを最大限に活用するとともに、農産物の規格（従来の出荷規格・農産物検査法の規格等）についてそれぞれの流通ルートや消費者ニーズに即した合理的なものに見直す。

③農業者は、自らの生産した農産物の強みを生かし高く販売する努力を行う必要がある。

　また、食品小売業者は、消費者の側に見た目にとらわれずに安全で美味しい商品を評価する意識が広がることにより、不必要なコスト増要因

を除去できるよう、仕入れ、販売戦略の取組を行う必要がある。

　このような取組を支援するため、国は、品質等に応じた価格決定がなされるよう、地理的表示、規格・認証等の制度の一層の普及を図る。

④中間流通（卸売市場関係者、米卸売業者など）については、抜本的な合理化を推進することとし、事業者が業種転換等を行う場合には、国は政府系金融機関の融資、農林漁業成長産業化支援機構の出資等による支援を行う。

⑤特に、卸売市場については、経済社会情勢の変化を踏まえて、卸売市場法を抜本的に見直し、合理的理由のなくなっている規制は廃止する。

⑥小売業については、多数の量販店等による安売り競争の状況を脱却し、生産者と量販店等の双方がメリットを受ける農産物の安定した流通を確保するため、消費者ニーズに合った多様な商品を適正な価格で提供するビジネスモデルの構築に向けて、国は、事業再編や業界再編を推進する。

　また、量販店等は、農業者の再生産の確保も考慮し、双方でwin-winな関係維持が可能な適正価格で安定的な取引が行われるよう配慮するものとする。

　公正取引委員会は、量販店等の不公正取引（優越的地位の濫用による買いたたき等）について徹底した監視を行う。

⑦国は、民間のノウハウを活用して、農業者が各種流通ルートについて、手数料や取引条件等を比較して選択できる環境を整備する。

　また、農産物の物流については、パンフレットやICTを活用した共同配送等の効率化によりコストを削減する等の取組を推進する。

⑧加工業については、生産性の低い工場が乱立している種類の加工業界（製粉、乳業等）については、国は、国際競争に対応できる生産性の確保を目指した業界再編・整備投資等を推進することとし、政府系金融機関の融資、農林漁業成長産業化支援機構の出資等による支援を行う。

⑨上記改革を推進するため、農産物の流通・加工に関し、国の責務、業界再編に向けた推進方法等を明記した法整備を進める。

第3章　政府決定『農業競争力強化プログラム』の分析と卸売市場の対応　33

⑩上記改革を推進するため、金融機関による流通加工関連産業の生産性向上に資する経営支援や資金供給の促進、政府系金融機関や農林漁業成長産業化支援機構との連携強化等を図る。

(2) (1) に関連する全農の農産物の売り方

農産物の流通加工構造を改革するためには、流通・加工業界（中間流通、量販店、加工業等）の業界再編と合わせて、これに資する全農の農産物の売り方の見直しが必要である。

①農産物の様々な価値を市場に届けるための販売体制強化

　〇全農は、農業者のために、実需者・消費者へ農産物を安定的に直接販売することを基本とし、そのための強力な販売体制を構築する。

　〇このため、全農は、自らの体制整備と合わせ、農林中金等と密に連携して、実需者・消費者への安定した販売ルートを確立している流通関連企業への出資等を戦略的に推進する。また、出資等の効果を毎年会員に明示し、その目的に即した効果がない場合は、出資等を速やかに見直し、適切な措置を講じる。

　〇全農は、上記を達成するため、農協改革集中推進期間内に十分な成果が出るよう年次計画を立てて、安定的な取引先の確保を通じた委託販売から買取販売への転換に取り組む。

②日本の魅力ある農産物を世界に発信する輸出支援体制の確立

　〇全農は、農業者のために、輸出先の国ごとに、強みを有する商社等と連携して実践的な販売体制を構築する（合弁会社の設立、業務提携等）。優先順位の高い国から取り組み、農協改革集中推進期間内に十分な成果が出るよう年次計画を立てて、主要輸出先国について販売体制の整備を進める。

なお、全農は、1 (2) 及び2 (2) の自己改革を進めるため、役職員の意識改革、外部からの人材登用、組織体制の整備等を行う。

また、1 (2) 及び2 (2) の全農の自己改革が、重大な危機感を持ち、

新しい組織に生まれ変わるつもりで実行されるよう、全農は、年次計画やそれに含まれる数値目標を公表し、与党及び政府は、その進捗状況について、定期的にフォローアップを行う。

5　卸売市場に関わる抜萃部分の逐条的検討

　上記、農業競争力強化プログラムのうち、卸売市場に関わるとして下線を引いた部分について、逐条的に検討する。

（1）「農産物の流通構造や加工構造は、農業の競争力を左右する重要な要素であり、国は、国内外の農産物の流通・加工の実態等を定期的に把握し、公表する」

　卸売市場も重要な流通構造であることは、国としても認識していることは間違いなく、定期的に把握し、公表する、というのは、卸売市場にとっても重要な情報を得られることになる。それに基づいて、卸売市場のあり方の検討ができるという点では期待したい。

（2）「国は、農業者・消費者のメリットを最大化するため、農業者・団体から実需者・消費者に農産物を直接販売するルートの拡大を推進するとともに、農業者の所得向上に資するよう農業者・団体と食品製造業との連携を一層促進する」

　この内容は、２　卸売市場側から見た農業競争力強化プログラムが出された背景、で述べた全農改革と関連する。その基は、TPP対応として、わが国の農業生産者の経営安定のために、生産者の所得確保という目的がある。しかし、卸売市場、特に青果と花きの卸売市場にとっては、卸売市場を通さないと言っているに等しいので重大である。それが本当にできるのか、卸売市場としては、卸売市場機能の大切さと実効性を努力していく姿勢が重要と考える。

第3章　政府決定『農業競争力強化プログラム』の分析と卸売市場の対応　35

　また、これは水産業にも援用されるのかどうか、が水産卸売市場にとっては大きな関心事となる。それについては、具体策が出てみないとわからないが、水産物流通においては、農業と違い、生産（漁獲）の不安定性と季節性、産地移動、需給の不安定さ、生鮮性が高い（鮮度保持）、などが青果物などの生鮮農産物よりも性格が強い。さらに、卸売市場の開設形態として、公的役割の否定が公設卸売市場の民営化と言うことに繋がると仮定すると、水産卸売市場においては、施設整備に多額の事業費を要し、公設卸売市場のしくみに依拠するところが大きいので、極端に言うと、以前は「屋根と荷捌き場があれば成り立つ」（今はそんなことはないが）と言われた青果卸売市場と同じには考えられない。自治体財政悪化は必至というなかで、わが国の漁業振興を支えるためにも、最大限のスリム化努力をしながら、水産卸売市場の公設制の維持に官民ともに努力することが大切である。

(3)「農業者の努力・創意工夫と消費者のニーズ・評価が双方で情報交換できるよう、ICTを最大限に活用するとともに、農産物の規格（従来の出荷規格・農産物検査法の規格等）についてそれぞれの流通ルートや消費者ニーズに即した合理的なものに見直す」

　ICTとは、情報処理および情報通信、つまり、コンピュータやネットワークに関連する諸分野における技術・産業・設備・サービスなどの総称で、IT（情報技術）とほぼ同義語である。規格については、特に青果物で、規格の種類が多すぎてコストアップになる、と批判されていた。産地や小売（量販店等）などの販売商品の差別化競争が背景であった。

(4)「中間流通（卸売市場関係者、米卸売業者など）については、抜本的な合理化を推進することとし、事業者が業種転換等を行う場合には、国は政府系金融機関の融資、農林漁業成長産業化支援機構の出資等による支援を行う」

　この項は、「抜本的な合理化」を自主的に行うのか、政府が関与するのか、

まだわからないが、かなり強制的だとすると、例えばこれが青果卸売市場関係者だけとするといっても、同じ卸売市場に水産物部がある場合は、部類間の違いが起きて卸売市場運営上大きな影響が出る可能性がある。青果部の卸売会社が転業する（どんな職種にか想像がつかない）となると、水産物部は残ったとしても、卸売市場全体の整合性がとれなくなる。

また、業種転換等の場合は出資支援が受けられるとあるが、廃業ではたぶん受けられないだろう。

(5)「特に、卸売市場については、経済社会情勢の変化を踏まえて、卸売
　　市場法を抜本的に見直し、合理的理由のなくなっている規制は廃止する」

　これは、卸売市場法の改正が必要であろうが、青果と水産で規制内容を変えるということは考えにくい。青果で規制が廃止されれば、水産も同じになると考えるのが自然である。その意味でも水産にも影響が及ぶ。

　また、「合理的理由のなくなっている規制」は、何を差すのか、がまた大問題であるが、「合理的理由のなくなっている規制は廃止する」という内容次第では卸売市場法との整合性がとれなくなる可能性もある。このあたりがどう処理されるか、が注目される。対象とされている規制の内容については後述する。

　また、「卸売市場法を抜本的に見直し」という表現からは、卸売市場法を変えるのか、新法かは明確には判別しがたい。

(6)「国は、民間のノウハウを活用して、農業者が各種流通ルートについて、
　　手数料や取引条件等を比較して選択できる環境を整備する」

　これはかなり重要な事項である。「手数料や取引条件等を、農業者が各種流通ルートについて比較選択できる環境を整備する」、ということは、卸売会社各社が、わが社は、例えば手数料については、「これこれこういうコストがかかっているのでこういう率です。重量があって取扱いの手間がかかる割には単価が安くて卸売会社の利益が少ないものについては高くし、逆に単

第3章　政府決定『農業競争力強化プログラム』の分析と卸売市場の対応　*37*

価が高くて荷扱いにコストがかからないものについては安く、これだけにします。商物分離の品物については、もっとコストがかからないので、さらに下げてこうします。相対取引で、このような品物については付加価値を認めて高めの価格を設定します……」などと公表して、出荷者に選択材料を提供しようというものであると推測する。

　特に、委託手数料の情報提供というのが重要である。2004（平成16）年の卸売市場法改正で委託手数料率の弾力化が行われたが、実際に手数料率が次々に変更されるということはなかった。筆者の知る限りでは、東京都中央卸売市場で花き卸売会社数社だけ、鉢物について9.5％→10％に上げられた例、中央卸売市場の地方化に伴い、水産で地場産について5.5％→7％に、青果で野菜が8.5％→10％になった例、などはある。しかし、率下げはなかった。どこかの超優良企業（卸売会社）が、率下げをしようと思えばできたと思うが、同業他社からの警戒や牽制もあったかもしれない。具体的な動きはなかった。水産卸売市場においては、5.5％というのは低すぎるのではないか、と筆者は密かに思っていたところである。食肉市場で3.5％というのも、和牛のような高級品なら、1頭100万円以上するので、成り立つかも知れないが、乳用去勢牛だとせいぜい数十万円、まして雌の牛乳を出さなくなった廃牛（経産牛）では、肉がぺらぺらで10万円以下である。これでは、高級和牛の扱いが少ない食肉市場では経営が成り立たないと思う。種類で手数料率に差をつければいいのだが、出荷者の抵抗も大きいのだろう。

　卸売会社の経営が一般に厳しい中で、率下げをできる卸売会社がそれを断行して来ると、廃業が相次ぎ、業界再編の引き金になることは容易に想像できる。

　これは、卸売市場の全ての部類に適用されると考えるのが自然であろう。なお、2017（平成29）年度の国の予算に、「手数料の見える化」という項目が、3,000万円計上されている。

(7)「農産物の流通・加工に関し、国の責務、業界再編に向けた推進方法

等を明記した法整備を進める」

　これは、どのような法整備になるのか、で卸売市場の有り様は大きく左右されると考えられ、注目する必要がある。また、法整備に当たって、関係団体のヒアリングが行われるのであれば、卸売市場各団体においても真摯に対応する必要がある。

（8）「全農は、農業者のために、実需者・消費者へ農産物を安定的に直接
　　販売することを基本とし、そのための強力な販売体制を構築する」→こ
　　の実現性はどうか

　消費者というのは、最近非常に増えた直売所が中心だろう。普通品を持ち寄り、自分で値をつけるが、売れないと持って帰る。今度は、農協が生産者から買い取って、買取価格にいくらかマージンを乗せて直売所で販売する、ということになるのか？　直売所でなく、農協の販売店？　この実現性はどうだろうか。

　実需者を例えばスーパーとすると、直接、販売の交渉をするのは並大抵ではない。相手はなるべく安く、しかも定時定量、つまり注文した品はきちんと指定時刻通りに数量も不足・欠品を許さない、しかも支払サイトは３週間〜２ヶ月という相手である。卸売市場との取引を見ていると、１年前、１ヶ月前、前週と計画取引の段取りを踏んで、正確な注文内容は、前日の夜中に仲卸のファックスへ、という流れである。夜中に出勤した仲卸の夜勤担当がそれを見て、昔でいう「先取り」で品をそろえて午前３時〜４時にスーパーの配送センターへ納品する。仲卸は、予想困難で変動する注文量に欠品なく対応するために、普段から予備を備蓄していて備えている。ただ、これが多すぎるとコストアップして経営に響く。どの程度備えておくか、という長年のカンがある。このような取り組みを全農がしなければならなくなる。

　支払サイトは長いし、卸売市場では出荷者への支払サイトが短いので、その間の資金繰りの資金確保もしなければならない。これが今の大体の青果物の流れである。卸売市場はこれに適合するよう努力していった結果、スーパ

第3章　政府決定『農業競争力強化プログラム』の分析と卸売市場の対応　*39*

ーの青果物の大部分は卸売市場経由である。これを、これまで卸売市場に出荷するまでの仕事に留まっていた農協がやるというのは容易ではない。

　なお、生産者から買取販売で、消費地卸売市場に産地仲買人が自分のリスクで出荷するというのは、鮮魚において水産卸売市場は昔からやっていることである。

(9)「全農は、自らの体制整備と合わせ、農林中金等と密に連携して、実需者・消費者への安定した販売ルートを確立している流通関連企業への出資等を戦略的に推進する」

　全農が、自分で直接販売の努力をすると同時に、「実需者・消費者への安定した販売ルートを確立している流通関連企業」への出資等で経営に関与することを「戦略的に推進する」ということである。この流通関連企業に、卸売市場関係は入っているのだろうか。「実需者・消費者への安定した販売ルートを確立している」という表現では、卸売市場も消費者へはともかく、実需者に対しては、仲卸等を通じて供給しているわけであるし、第三者販売だと卸売会社もその機能があるので、卸売市場関係企業も対象になると考えて不自然ではない。

　今でも、卸売市場で全農（農協）系の卸売会社が入場している例はある。逆に、東京都中央卸売市場大田市場青果部のように、全農大田という卸売会社が、全農の撤退により、東京荏原青果に吸収された例はある。しかしこれは全農系とは言わない。

　情報であるが、(5)に述べた合理的理由がない規制の廃止、という内容で、大手企業が卸売市場に魅力を見いだし、卸売市場や卸売会社の買収先の物色を始めた、という情報がある。これは、全農改革とは異質というか、企業が流通支配に乗り出した、と捉えられ、展開方向が変わってくることも考えられる。

　卸売市場全体の買収か、卸売会社などの市場企業だけの買収か、ということでも大きく変わってくる。

（10）全農は、安定的な取引先の確保を通じた委託販売から買取販売への
　　転換に取り組む

　全農が生産者から買い取ると、生産者の手取りは確実性があるが、全農は
それが販売原価となり、リスクを負うことになる。企業間の取引ではこのよ
うなリスクは普通かも知れないが、協同組合のやり方として、リスクを負う
というのはどうであろうか。

　買取販売はしかし、ありえないことではない。それは契約栽培取引である。
契約栽培取引は、すでに生産者・生産者団体と量販店、生協、食品加工業な
どとの間で行われている。また、大手の青果卸売会社では、産地と需要者を
結んだ一気通貫の取引がかなりの比率を占めていると聞いている。

　しかし、卸売市場抜きの契約栽培取引には問題も多い。その第一は、「中
抜き」である。通常、契約栽培取引では、例えばレタスでいうと、需要者は
玉の大きさが、売りやすいL18（10kg箱に18玉入るという大きさの規格）と
いう規格だけを指定して契約栽培取引をするというケースがある。植物であ
るから、それよりも大小のレタスができるが、その売り先に困り、受託拒否
禁止原則がある卸売市場へ出荷するということがある。卸売市場は引き受け
を断れないが、人気がないので値は安く、二束三文となる。卸売市場・卸売
会社側としては、安値だから手間がかかる割には、定率である手数料収入は
低い。これを卸売市場側では、市場をゴミ捨て場代わりにしている、と不満
を持つ。このような場合、受託拒否禁止原則の例外として欲しいという声も
出ている。卸売市場として、契約栽培取引品と、それ以外の規格をまとめて
出荷してもらえれば、多様な顧客がいるので捌けるし、出荷側にとっても、
総額としてはその方が多かった、ということもよく聞く。前述の一気通貫の
契約栽培取引を行っている卸売会社は、全ての規格を受け入れて、幅広く販
売していると考える。これは、これからの卸売会社各社の参考にして欲しい。
産地と需要者囲い込みの一方法である。

　ミカンを扱う某農協が、大型量販店と売れ筋規格だけ直接取引する契約を

し、残りを地元卸売市場に出したところ、全量を卸売市場に出荷するよりも総額が少なかったので、直接取引を中止した、ということもあった。話はそう単純ではない。

6　「合理的理由のなくなっている規制の廃止」の具体的内容の検討

「合理的理由のなくなっている規制の廃止」の具体的内容については、「卸売市場法の抜本的な見直し」がどのようになるのか、に左右されるが、今のところ、下記項目は該当する可能性が高いと考えている。

　○第三者販売の自由化ないし大幅規制緩和（「自由化ないし大幅規制緩和」
　　は、以下、省略形として「自由化」と表現する）
　○直荷引きの自由化
　○商物分離の自由化
　以下、分析・解説する。

(1)　卸売会社による第三者販売の自由化と仲卸による直荷引きの自由化はセットの話

　第三者販売については、統計はない。卸売会社各社はデータをもっているだろうが、公表されていない。筆者の推測であるが、青果卸売市場では少なく、水産卸売市場の方が多いように思える。

　第三者販売の自由化がなぜ提起されると予測するか、というと、量販店などの人型流通は、取引規模が大きいので、仲卸では一般に規模が小さく、取引相手として不足を感じているという情報はいろいろ聞いているからである。大型流通のパイプを太くするという目的からすると、ありうると思う。

　某中央卸売市場で、仲卸が、自身のスーパーの取引を卸売会社に奪われた、というので、卸売会社に事情を聞くと、スーパー側から、「取引規模が大きくなったので、仲卸では対応できないと考えている。卸売会社に直接やって

欲しい。もしできないというなら（実は開設自治体が渋っていたらしい）、他の卸売市場に変える。」といわれ、「当市場を守るためにやったことだ、仲卸にも話して了解をいただいている。」という説明であった。仲卸としては真には納得していないということだろう。

卸売市場法では、出荷者の出荷を受けて卸売をする立場と、それを買い受けて販売する立場を分けてセリ原則でやろうとして中央卸売市場法の制度は成立した。自分で集荷して、自分で値をつけて販売するのはかつて日本でも問屋制卸売市場でとった方式である。それによる取引の透明性の否定から、売り手と買い手の分離が行われた。

第三者販売の自由化というのは、その意味では問屋制に戻るということになるが、その時代は大型流通ではなかった。大型流通の時代の合理性ということで、第三者販売の自由化となった背景がある。

これを卸売会社が駆使すると、仲卸は立場がなくなる。その見返り（刺し違え）として、直荷引きの自由化があると考えてよいのではないか。

実際には、卸売会社の集荷力が弱い卸売市場では、今でも合法、非合法（開設自治体への申告の有無）を含めて、仲卸の直荷引きはある程度のシェアを持っている。それが自由化されたとして、もっとすごく増えて、その卸売市場の卸売会社の経営がなりたたなくなる、ということはあるだろうか。実際には、ないとはいえないと考える。

逆に、卸売会社の第三者販売が非常に増えて、中小の取引まで全て卸売会社が手を出す、ということも考えられない。

筆者は、ひとつの卸売市場のなかの話として、卸売会社と仲卸が対立的に、お互いに第三者販売と直荷引きに奔走して、その卸売市場を崩壊させるというのはいかがなものか、と考える。お互いに、立場を理解して、話し合いで、その卸売市場の販売力強化、という同じ土俵で取り組むことを期待する。

超大型で集荷力がある卸売市場に近い卸売市場では、容易に仲卸は直荷引きができる。ひとつの経済流通圏で、一人勝ちの卸売市場の陰で、衰退化していく卸売市場というのは現実化していて、その事例もある。これをどうす

第3章　政府決定『農業競争力強化プログラム』の分析と卸売市場の対応　*43*

るか、は市場間格差問題として、解決していく必要がある。→第4章～第6章参照。

(2) 商物分離の自由化

　商物分離は、青果卸売市場ではかなり行われている。卸売市場法では、それまで違法だった商物分離を、2004（平成16）年に、電子商取引で仲卸を噛ますなどの条件付きで合法化したが、あまりにも厳しすぎて現実的でなく、ほとんど合法的な商物分離は実施されていない。裏で、違法な商物分離は横行している。これは、その経済合理性があるからである。しかし、自由化というのは、卸売市場にとっては両刃の剣となる。つまり、100％が商物分離になれば、卸売市場という施設はいらなくなり、電話1本、メール1通で済んでしまう。これでは卸売市場としては本末転倒になる。

　卸売会社による第三者販売と商物分離がセットになれば、仲卸抜きでの取引が可能になる。大量の出荷品を大口需要者に商物分離で配送するなどのケースでは、このような取引が増加することは容易に考えられる。

7　公設卸売市場のあり方への影響

　2016（平成28）年11月29日の政府決定である、「農業競争力強化プログラム」では削除されたが、同年10月6日に決定された規制改革推進会議提言にある、「特に卸売市場については、食料不足時代の公平分配機能の必要性が小さくなっており、種々のタイプが存在する物流拠点の一つとなっている。現在の食料需給・消費の実態等を踏まえて、より自由かつ最適に業務を行えるようにする観点から、抜本的に見直し、卸売市場法という特別の法制度に基づく時代遅れの規制は廃止する。」という表現は、農業競争力強化プログラムでは消えたとは言え、10月6日の規制改革推進会議提言も、政府が関与していることは確かで、この考えが底流にあると考えた方がいい。前半の、「食料不足時代の公平分配機能の必要性」というのは、卸売市場とりわけ公設卸売

市場の公的役割の根拠である。それが必要性は小さくなっていて、種々ある生鮮品流通機構のひとつという位置づけとしている。これでは、行政として、卸売市場だけを特別扱いで補助金交付という訳にいかなくなるという理屈である。国や地方自治体の財政悪化もあり、卸売市場への助成が退いて行かれる可能性も考えなければならない。

　公設卸売市場の運営体制については、大型公設卸売市場（特に中央卸売市場）で一般的な完全公設公営制、つまり、開設自治体の事務所としかるべき数の職員が常駐しており、指定管理者制度をとっておらず、全ての管理業務を職員が行っている体制は、徐々に、管理委託化が進行していく流れとなるだろう。→本書の「はじめに」の冒頭で述べた農産物卸売市場の民営化、が基本方針となると、徐々にどころか、期限を切って民営化、となることもありうるかも知れない。

　国が推奨しているPFI方式を検討している中央卸売市場も出ている。卸売市場におけるPFI方式については、第9章「公設卸売市場の将来と民設民営卸売市場」を参照。

　なお、水産卸売市場は、青果卸売市場に比べて施設整備が重装備である必要があり、その分、卸売市場の開設運営に資金を要するので、民設民営卸売市場はつくりにくい。公設卸売市場に頼るところが青果卸売市場よりも大きい。総合卸売市場で、水産物部が青果部と両方ある卸売市場では、開設形態としては同じ形態となるのが普通であるが、それにより青果も公設制が維持されるのか、水産と青果は切り離すという判断になるのか、今はわからない。

　また、食肉卸売市場も、大きな設備と食肉処理部門の設置を要し、公設公営など手厚い公的支援が欠かせない。しかし、卸売市場経由率が著しく落ちていて、公設維持の根拠が難しくなってきていることも否めないところである。

8　委託手数料の見える化

　農業競争力強化プログラムには、「国は、民間のノウハウを活用して、農業者が各種流ルートについて、手数料等を比較して選択できる体制を整備する。」という内容もある。国の来年度予算要求ではすでに、「手数料の見える化」に関する予算として3,000万円が計上されている。

　「手数料の見える化」とは、筆者は、「手数料の根拠になるコスト等を明確にすること」、と受け止めている。

　手数料のあり方は、卸売会社経営の根幹に関わることであると同時に、出荷者に負担を強いることである。コストを削減する工夫をした卸売会社が手数料率を下げ、競争力を強化するという経営戦略はあっていいと思う。手数料についてはあらゆる角度からの真剣な議論が必要である。

　委託手数料の根拠は、卸売会社が委託を受けて卸売を行い、荷扱いや経理処理等も含めた経費（人件費を含む）と利益が積算されたものと考えるが、例えば、なぜ中央卸売市場では長い間、野菜8.5％、果実7％、水産物5.5％、食肉3.5％、花き9.5％となっていたかというと、中央卸売市場法時代の1963（昭和38）年に、高度経済成長下の物価高騰への対応として、農水省通達の「生鮮食料品流通改善対策要綱」で、この率が指定されたからである。

　ちなみに、それまでは野菜は10％であった。率下げで流通コストの低減を政府が図ったという説明をできるようにすることが目的だったというものである。しかし率の数値の根拠は示されなかった。故にこれまで、誰も率の根拠については説明できなかったのであるが、今回、各卸売会社は、委託手数料の根拠（具体的コスト等）を提示することにより、生産者が出荷先を比較する参考材料にしようということになれば、各社は率下げ競争となり、結果的に生産者側の負担軽減に繋がることは考えられる。

　卸売会社として考えるべきは、これを機会に、単なる目の子勘定の率の決定ではなく、どこにどれだけかかるか、を徹底的に主張することである。そ

れにより、例えば、単価は安いが重量がかさみ、人件費が割高に付く物品は率を高く、小口と大口、商物分離なども差をつける、花きでいえば鉢物は扱いに手がかかるのでその分上げる、などきめ細かな率の提示により、出荷者に考えてもらうことができる。

卸売会社としては、利益が上がる物品の出荷の誘導、という戦略をとれることになる、とも言える。率も、8％とか5％とか、切りのよい数値にする必要はなく、極端に言えば、7.98％とか4.72％とか、半端な数値でもよい。このような複雑なシステムとなると、コンピュータシステムの導入は避けられないと考える。

また、率はこれまでより下げた固定値（例えば野菜なら7％）として、荷扱い費用や定低温保管費用などを実費で取るという方式でもよい。食肉市場では、生体係留料などを固定実費として取っている。これを、青果、水産、花きでも考えるという方法もある。率は下げても、固定実費を合計すれば大体今の率になるような設定をしておけば説明がつくしその方が、出荷品の誘導がしやすいのではないか、そのチャンスと前向きに捉えることができる。

また、一言付け加えれば、単に委託手数料率うんぬんだけではなく、委託手数料から差し引かれる出荷奨励金、完納奨励金のあり方についても、同時に抱き合わせとして検討することが、卸売会社の立場からは望まれる。出荷奨励金、完納奨励金の透明化（こういう理由でこれだけ必要という説明）である。これまでもらっていたから、なくなると困る、というだけで説明ができないような既得権益意識であれば、この際、一掃するいい機会である。

9 出荷側の出荷行動の課題

農業競争力強化プログラムで、全農（農協）の出荷形態は、これまでの卸売市場への委託出荷（無条件委託販売で卸売市場側に価格決定を委ねる）を止めて、農業者から買い取って自己リスクで販売しなさい、ということになった。

第3章　政府決定『農業競争力強化プログラム』の分析と卸売市場の対応　47

　しかし、青果と花きについては、この「委託出荷（無条件委託販売で卸売市場側に価格決定を委ねる）」というのが、出荷側によっては、必ずしも実態に合っていないのが現状である。もちろん、無条件委託の出荷もあるが、卸売会社が証言するところによると、出荷する前に出荷側から卸売会社側に希望価格が伝えられることが多いという。これが単に希望価格で済めばいいが、と後は口を濁す。

　卸売会社が買付集荷に切り替えれば、その差は処理できるのであるが、委託で荷受けした後、出荷側の便宜を図るために買付したことに切り替えるのは、「委託買付」といって違法行為になる。国の検査でもこれが見つかると指摘事項となるという。従って、法に従えば卸売会社はあくまで卸売場でつくった取引価格が正規の価格で、販売原票にもそう記載され、その額から委託手数料を引いた額を出荷側に送金するのが正しい。

　では、最初から買付出荷とすれば、出荷側は希望価格の実現が出来るのではないか、となるが、買付出荷だと出荷奨励金が出ない。出荷奨励金が欲しい産地側は、あくまで委託で受けたことにして、しかも希望価格を欲しい、となると、正常な経理では出金できない。

　出荷側にこのような行為があるとは筆者は信じ難いが、もし本当だとすると、出荷削減を材料として不正行為を強要することになる。場合によっては、独占禁止法（優越的地位乱用行為）違反に問われる可能性すらある。このような事が続くと、卸売会社の経営悪化の原因となり、卸売市場が衰退して、結果として出荷先が減るということで、出荷側にも影響が及ぶことになる。

　「委託手数料の見える化」、を契機として、出荷奨励金等についても既得権益化せず、それこそ「見える化」して、まっとうな取引方式だけが通用するようにしたいものである。

10　整備への影響の懸念—11次方針はどうなるのか—

　これまでの公設卸売市場における施設整備は、卸売市場整備計画に基づい

48

て計画的に実行されてきたが、第11次卸売市場整備基本方針というのがどうなるか不透明という事態となっている。もし新しい制度になれば、施設整備についてはなんらかのフォローがあるとは思うが、いま計画中のものについては影響が出るだろう。

　公設卸売市場だけでなく、これまで無視されてきた民設民営卸売市場についても、卸売市場の公的役割を担う一員として、なんらかの配慮を求める声も研究所には届いている。これらも含めて施設整備のあり方を、実情に合ったものにする検討が望まれる。

11　提言および農業競争力強化プログラムが出る背景としての卸売市場の「制度疲労」

　提言のような、現行卸売市場法の制度とは整合性をとるのが難しいような改革方向が出されるのは、わが国の卸売市場が長い間の経緯の中で既得権益のようなものが出て来て、それが「澱」となって現実の動きから後れをとることになっていたことも一因であると筆者は考えている。

　筆者はこれまで、約20年にわたって、主に公設卸売市場の開設自治体からの依頼で30市場ほどの市場改革計画作成に関わってきた。このなかで痛感するのはまさに「卸売市場のよどみ」である。よどみは、いろいろな場面で、総論賛成各論反対となって現れる。すると、全体の改革が進まなくて後れを取ることになり、競争から後退していく。

　よくできた制度も、百年近く経つうちに時代に合わなくなってきた制度疲労という言い方も出来る。ただし、生産が零細で卸売市場における取引がもっとも適合しているという面は今も変わらず、その意味では差別的取扱禁止原則と受託拒否禁止原則による卸売市場という誰もが出荷できる換金機構と、資格があれば誰でも仕入れることができるというしくみの必要性は、今でも色あせていない。このことも強調しておきたい。

　現行制度は、前述したように、今から93年前と、ほぼ1世紀前につくられた制度が、あまりにも優れた制度設計だったので、どう変えるかの具体的イ

第3章　政府決定『農業競争力強化プログラム』の分析と卸売市場の対応　49

メージが作れずに今日に至っている。筆者にしても、代わるべき法体系を示せといわれてもまだできていない。

　さすがに百年経てば、外部環境も大きく変わっている。それでいじくられ、ねじ曲げられて「金属疲労」ならぬ「制度疲労」が極限に来ていることは本当はみなさんお考えなのではないだろうか。

　しかし、まったく別物にするというのは、筆者は賛成ではない。今の日本の卸売市場制度は、まだまだ通用している。だからこそ、全国総流通量のなかでの卸売市場経由率は、食肉を除いては過半（果実は若干割っているが）を占めているのである。

　また、日本の生産者の耕作面積はまだまだ小さく、個々の生産者は零細である。小売部門では、量販店が6〜7割のシェアを占めてはいるが、一般小売商もまだ1.5割ほどはいる。

　仲卸業者も基本的には中小零細企業者である。彼らの換金先、仕事を確保するという公的役割は、卸売市場以外では実現困難であるのでまだ必要である。これらの事情も考慮されなければならない。

　今回の規制改革推進会議農業ワーキンググループの提言について、国の方から市場関係者に説明が行われているようである。これを聞いたある卸売会社の社長から、大変ショックを受けた、というメールが当研究所に来ているが、本章で述べているように、今回の提言は、卸売市場の長年の制度疲労が極限に来たことが背景の一つである。したがって、今の制度にしがみつき、安住していては、その卸売市場、市場企業の将来は開けない。逆に、今回解き放される部分を活用して新しい企業活動につなげる、という思考に頭を切り換えていただくことを期待している。

　また、公設卸売市場の開設自治体は、公設卸売市場の持つ意味をよく検討し、現実を直視して的確な方向に誘導していくという姿勢が求められる。これまでの惰性的延長、前例踏襲ではダメである。しかしそれでも、公設が中心である大都市卸売市場においては、開設自治体は今後、困難に直面することになるだろう。今、現実に起きている問題はそれを象徴している。これら

50

の問題についても、個々の開設自治体の手に余る事態になっているのではないか、と考える。国が卸売市場全体の整合性ある制度的なサポートでの解決策を提示するなかで、困難に陥っている卸売市場の救済を支援されることを期待する。

12 部類ごとの影響の考察

(1) 青果卸売市場

全農改革とセットなので、青果卸売市場は直撃である。以下が課題と考える。

①全農側（系統出荷団体）が、農業者から買取販売ということで、原価を背負って卸売市場に出荷するとなると、卸売市場側が需給関係の相場で価格をつけて、出荷側が原価を割ることは十分ありうる。それを容認すればいいが、原価割れを許さないということでは卸売市場の役割に支障が出る恐れがある。逆に今のままの委託出荷形式だと、政府方針に反することになる。場合によっては、独占禁止法の優越的地位乱用行為に当たる可能性も出てくるので、対処が必要になる。

②出荷奨励金は委託出荷形式でしか出ない。全農側が買取販売で原価を背負っての委託出荷（卸売市場側に価格決定権あり）というのを容認するのか、それとも卸売会社側に買付集荷形式を要望してくるのか。

また、出荷奨励金がなくなったとして、今まで取っていた額を率に換算して委託手数料の引き下げを要求してくる可能性もある。これについては、委託手数料の見える化、という方針で積算根拠として明示できるかどうか。

③全農側が直接販売が基本となると、卸売市場への出荷をメインと考えての出荷先卸売会社の指定（指定市場制）は、考え方としてどうなるのか。

④全農傘下でない出荷団体や個人出荷は買取販売の適用を受けず、卸売市場とはこれまで通りのやり方ということでいいかどうか。→全農側の買

第3章　政府決定『農業競争力強化プログラム』の分析と卸売市場の対応　*51*

取販売というのに無理があるとすると、生産者の農協離れや商系企業が
青果物流通に進出することにつながる可能性がある。

⑤商系企業の卸売市場への進出ということになれば、市場企業側はどう対
　応するか。自らも他市場への進出側に加わるのかどうか。力がある卸売
　会社は、他市場を傘下に収めてグループ化する戦略はありうる。

⑥第三者販売の自由化ないし大幅規制緩和は、経営力がある卸売会社にと
　っては、事業拡大のチャンスとなろう。卸売会社間格差の拡大が予想さ
　れる。

⑦直荷引きの自由化ないし大幅規制緩和は、仲卸にとって、卸売会社の第
　三者販売の拡大に対する対抗手段となるが、他市場等からの直荷引きが
　多いと、コストアップ要因、所属する卸売市場の衰退化に繋がって、自
　身に跳ね返る可能性もある。

⑧商物分離の自由化ないし大幅規制緩和は、今でも卸売市場法上は認めら
　れない方式での商物分離がかなり存在する中で、それの合法化という性
　格がある。全てが商物分離に適合しているわけでもなく、行政による監
　査指摘をうけなくなるメリットが大きいということと、将来においては、
　ネット取引とセットでの商物分離取引の拡大ということは考えられる。
　第三者販売と商物分離のセットでは、仲卸抜きの商社的取引が可能にな
　る。優秀なスタッフを抱える卸売会社がこのような方向に積極的に進出
　する動きはすでに始まっている。

　　なお、商物分離と第三者販売の組み合わせで、仲卸抜きの商物分離取
　引が成立する。これは、商社のやり方と同じで、卸売会社の商社化に道
　を開くことになる。

⑨手数料の見える化の影響は、卸売会社ごとに手数料を表示して、出荷者
　が出荷先を選ぶ判断材料にしようという意図だとすると、各社が手数料
　を下げる競争の動機になる。手数料を細分化したり、作業的な部分を別
　料金にしたり、いろいろな創意工夫が生まれてくると予想する。経営力
　がない卸売会社は厳しい状況に追い込まれる可能性があるが、卸売市場

活性化の加速エンジンとなるチャンスでもある。そう考えて頑張っていただくことを期待する。

(2) 水産卸売市場

　今回の農業競争力強化プログラムは、かねてから政府が取り組んできた全農改革の経緯の一環という性格があるが、卸売市場法の改定（ないしは新法の制定）となると、水産卸売市場も含まれると考えるのが自然である。前述の、①第三者販売の自由化・大幅緩和、②直荷引きの自由化・大幅緩和、③商物分離の自由化、④委託手数料の見える化→出荷者が比較できるようにする、などは水産卸売市場にも影響が及ぶと考えられる。

①第三者販売の自由化については、水産卸売市場では青果卸売市場に比べて第三者販売が多いと思う（特に加工品、冷凍品）。大型量販店等との取引の自由化により、卸売会社の営業活動にも変化と広がりが出ると考えるが、リスクも大きくなり、経営力が問われることになる。仲卸とのトラブルも予想されるので、仲卸ができないような大型取引など、理解を得ながら進めることが、卸売市場の維持のために重要だと考える。

②仲卸による直荷引きの自由化が実現すると、大型拠点の水産卸売市場が近い卸売市場では、仲卸が直荷引きに走る可能性がある。拠点市場に売買参加権を持っている例がすでにある。これは、そのような位置的関係にある卸売市場にとっては由々しき事態となりかねず、対応を考える必要がある。これについては、第6章「広域調整・連携・連合の考え方」を参照。

③の商物分離については、筆者の理解では、青果卸売市場に比べて水産卸売市場では商物分離は少ないように思える。生産が安定しないことで大型需要者側も計画的取引がしにくいことと、特定の産地が、トラック満載で特定の需要者に商物分離で運ぶ、という状況が青果より少ないと考える。しかし、今後は、物流合理化や需要者側の大型化などが進めば可能性はあるので、研究しておく必要はある。

第 3 章　政府決定『農業競争力強化プログラム』の分析と卸売市場の対応　*53*

④委託手数料の見える化については、水産卸売市場では委託集荷が少なく、
　買付集荷が多いので影響は限定的である。数値を挙げると、2014（平成
　26）年度の水産中央卸売市場の委託集荷の割合は、水産物全体で20.2％、
　鮮魚で33.8％、冷凍品7.2％、塩干加工品9.7％である。ちなみに、青果
　中央卸売市場では青果全体で61.6％であり、青果では影響は大きい。し
　かし、買付集荷にしても、価格交渉の基準に委託手数料の率があり、そ
　れがぐらつくと交渉がやりにくい、という声はある。

（3）花き卸売市場

　花き卸売市場は、農産物として、青果卸売市場と同じ性格を持つ。しかし
ながら、商品特性の違いから、若干の違いは生じる。花き卸売市場において
は、以下の課題を挙げる。

①卸売会社の第三者販売の自由化ないし大幅規制緩和については、大口需
　要者が青果ほど多くないが、それでも、例えば花壇苗のホームセンター、
　冠婚葬祭等の大手企業、輸出などについて可能性を感じる。商物分離と
　セットになる可能性も高い。
②仲卸の直荷引きの自由化ないし大幅規制緩和については、仲卸が所属卸
　売市場以外の大型拠点市場の売買参加者となる可能性、花きで発達して
　いるコンピュータセリシステムネットを利用した在宅取引参加システム
　などを利用しての全国的視野での買付、などが技術的に可能なので、卸
　売市場間の格差拡大が進む可能性がある。
③商物分離については、①のところで言及した。
④手数料の見える化については、元々、花きの手数料が9.5％〜10％と高
　いことから、経営体力がある卸売会社にとっては、工夫の余地が大きく、
　見える化となれば、合理的な率を提唱することは考えられる。

（4）食肉卸売市場

　食肉市場においては、牛（大動物）、豚（小動物）とも、生体で卸売市場

に運ばれ、解体・枝肉にした後、全量セリで現物を見ながら1頭ずつ値をつけられていく。このしくみは変えようがないと考える。農業競争力強化プログラムで、全農が生体の状態で産地で値をつけることは、枝肉を見なければ品質の正確な評価ができないので、ありえないと考える。従って、国がこれにどう対応するか、が問題で、今のところコメントのしようがない。

　なお、水産卸売市場において、マグロも切ってみなければわからないという牛・豚と同じ性格を持っている。このようなことに対応しているのが卸売市場である。

　民営化というのも、食肉処理施設に多大の費用を要し、今ある施設を使っての形式的民営化はできるかも知れないが、民営化した後、さらなる設備投資をする力は企業には困難と思われる。

第4章

市場間格差拡大の深刻化

【主題】

○戦後の中央卸売市場の全国展開の中で、いつの間にか卸売市場数の過剰が言われるようになり、集荷の集中化と集荷困難市場に分かれるようになった。

○卸売市場の展望を作る際に、各卸売市場がどのような位置づけにあるかが問題となっている。己を客観的に分析せずに、抽象論や希望的観測で目標を並べてみても意味がない。

○客観的に卸売市場の状況を把握する方法として、市場間格差の概念での分析が役立つ。

○その手法の研究が本章のテーマである。

1　市場間格差の分析手法

　市場間格差の分析自体が、大きなひとつの研究テーマと思う。詳細なデータを元に分析すると、いろいろなことがわかってくる。

　以下に分析留意点を列記する。

①格差をどの数値で比較するか。重量か金額か。重量だと、構成の違いによる差がわからない。金額単価が高い卸売市場は、それだけ質がよい商品を扱っているといえる。しかし、集荷力が弱く、拠点市場からの転送品の扱いが多い卸売市場では、金額ベースでは集荷コスト分、高くなっているので、必ずしも単価高が品質の高さを意味しない。むしろ、市場

間格差を示すものになることにも留意する必要がある。

②市場内の同じ部類（青果部、水産物部、花き部など）に複数の卸売会社がある場合は、市場はその合計値となる。全体の状況はわかるが、個々の卸売会社の状況、卸売会社間の力関係はわからない。実際には、個々の卸売会社の力量がわからないと、その卸売市場の力というのは正確な評価はできない。例えば、第9次方針で中央拠点市場に指定された市場も、複数の卸売会社がある場合は、特別に大きな卸売会社がある場合は、その卸売会社が拠点市場の基になっているが、同規模の2社の場合は、個々の卸売会社の規模は拠点市場というほどではない場合がある。

③中央卸売市場は比較的データ収集がしやすいが、地方卸売市場になると、公設卸売市場でもデータが十分にそろっていない場合がある。まして、民設民営卸売市場となると、データ収集が難しいのが現状である。食品流通構造改善促進機構が編集発行している「全国卸売市場要覧」では地方卸売市場も含めての金額ベースのデータが載っているが、非公開の卸売会社もある。

④流通圏の状況も、市場間格差を示すひとつの指標であるが、その正確な把握は不可能に近い。個々の仲卸からのヒアリングで推測するなどの手法はあるが、限界がある。

⑤筆者が開発した手法は、ひとつは「開設区域一人当たりのその卸売市場の取扱金額法」である。これでは、大きな差が出るし、その卸売市場の性格もある程度わかる。

　もうひとつは、「立地する県内でのその卸売市場のシェアの数値法」である。これが100％以上ということは、その卸売市場は県の人口全てに供給して、さらに周辺県まで供給があると推察される。逆にその数値が小さければ、県内に他から侵食されているという傍証になる。

2 各種法による分析

(1) シェア比較法

　これは、特定地域内の、卸売市場、卸売会社別の取扱規模（金額ベース、重量ベース）を比較する方法である。これを年次別に比較すると、シェアの推移がわかる。

　具体的な事例は省略するが、拡大化している卸売市場・卸売会社、衰退化している卸売市場・卸売会社が一目瞭然でわかる。その理由を分析することで、対策も出てくる。このような数値の把握と比較というのを常に心掛けることが大切である。

　しかし、筆者の経験では、あまり取り組まれていない。その原因として、開設自治体は、県境を超えた視野での資料データ収集と比較表の作成を行う姿勢・能力が希薄だと感じている。公設卸売市場では開設自治体の職員は公務員であるから、時間的にも能力的にもできるはずであるが、やっていない。

　卸売会社は、ほとんどの会社が毎日の取引業務に追われ、そのような経営の基礎材料となるようなデータ収集のスタッフがいないということが原因である。その必要性をアドバイスした卸売会社もいくつかあるが、「本業以外に一人として雇う余裕はない」、という返事が返って来る。これでは、その日暮らしの会社運営で、企画部門、経営の作戦立案分析部門は、大企業ならどこでも持っているはずなのに、競争に勝てるはずがない。

　データ収集と分析、これは戦略的企業活動の基本である。最低でも、このシェア比較法は取り組んで欲しい。

(2) 開設区域内人口1人当たり取扱金額法

　文字通り、公設地方卸売市場について開設区域内人口1人当たり取扱金額を算出する方法で、筆者が考え出した方法である。第3回卸売市場研究会（2014（平成26）年3月22日開催）において筆者が発表したものである。

58

　表4に、年間取扱金額÷開設区域内人口の数値を示した。表4は、公設、民設の地方卸売市場も入れたことから、食品流通構造改善促進機構発行の『卸売市場要覧2013』を使用したために、年次が制限された。2011（平成23）年時点の数字を使っているので、卸売市場の種類もその時点のもので、その後、地方卸売市場になったものもある。また、中央拠点市場制度は今は廃止されているので、現状と異なることをお断りしておく。

表4　開設区域の人口1人あたりの取扱金額

（原則として取扱金額は 2011（平成 23）年、人口は 2014（平成 26）年 2 月 1 日の推計人口）

（金額：億円　　人口：万人）

○**青果、水産とも中央拠点市場**
札幌市（青果 593 億円、水産 955 億円、人口 192.1 万人、1 人当り青果 30,869 円、水産 49,714 円）
仙台市（青果 476、水産 700、人口 107.0 万人、1 人当り青果 444.86 円、水産 65,421 円）
東京都（青果 5,178、水産 4,499、区部人口 909.6 万人、1 人当たり青果 56,926 円、水産 49,461 円）
名古屋市（青果 1,293、水産 1,271、人口 227.2 万人、1 人当たり青果 56,910 円、水産 55,898 円）
京都市（青果 664、水産 230、人口 146.9 万人、1 人当たり青果 45,201 円、水産 15,666 円）
大阪府（青果 460、水産 408）―大阪府の人口で割っても有効な比較資料とならないので略―
大阪市（青果 1,599、水産 1,976、人口 268.2 万人、1 人当たり青果 59,620 円、水産 73,676 円）
　　　　※本場と東部の合計
神戸市（青果 381、水産 306、人口 154.0 万人、1 人当たり青果 24,740 円、水産 19,870 円）
福岡市（青果 588、水産 474、人口 151.0 万人、1 人当たり青果 38,940 円、水産 31,391 円）

○**青果のみ中央拠点市場**
宇都宮市（青果 308、水産 156、人口 51.7 万人、1 人当たり青果 59,574 円、水産 30,174 円）
横浜市（青果 1175、水産 789、人口 370.0 万人、1 人当たり青果 31,757 円、水産 21,324 円）
岐阜市（青果 458、水産 138、人口 41.0 万人、1 人当たり青果 111,707 円、水産 33,659 円）
広島市（青果 476、水産 307、人口 118.4 万人、1 人当たり青果 40,203 円、水産 25,929 円）
鹿児島市（青果 315、水産 165、人口 60.7 万人、1 人当たり青果 51,895 円、水産 27,183 円）

○**水産のみ中央拠点市場**
金沢市（青果 229、水産 463、人口 46.4 万人、1 人当たり青果 49,353 円、水産 99,784 円）

○**青果、水産とも中央卸売市場**
青森市（青果 1,143、水産 279、人口 29.2 万人、1 人当たり青果 48,973 円、水産 95,548 円）
八戸市（青果 202、人口 24.0 万人、1 人当たり青果 84,167 円）
盛岡市（青果 202、水産 163、人口 29.9 万人、1 人当たり青果 67,559 円、水産 54,515 円）
秋田市（青果 135、水産 151、人口 32.3 万人、1 人当たり青果 41,757 円、水産 46,749 円）
福島市（青果 116、水産 76、人口 28.3 万人、1 人当たり青果 40,989 円、水産 26,855 円）
いわき市（青果 149、水産 117、人口 32.8 万人、1 人当たり青果 45,427 円、水産 35,670 円）
川崎市（青果 173、水産 151、人口 145.0 万人、1 人当たり青果 11,931 円、水産 10,414 円）

第 4 章　市場間格差拡大の深刻化　　59

静岡市（青果 239、水産 227、人口 70.9 万人、1 人当たり青果 33,709 円、水産 32,017 円）
浜松市（青果 269、水産 263、人口 79.2 万人、1 人当たり青果 33,965 円、水産 33,207 円）
新潟市（青果 230、水産 438、人口 81.0 万人、1 人当たり青果 28,395 円、水産 54,074 円）
福井市（青果 97、水産 123、人口 26.5 万人、1 人当たり青果 36,604 円、水産 46,415 円）
和歌山市（青果 159、水産 128、人口 36.5 万人、1 人当たり青果 43,562 円、水産 35,068 円）
奈良県（青果 293、水産 148、人口 139.7 万人、1 人当たり青果 20,974 円、水産 10,594 円）
岡山市（青果 225、水産 289、人口 71.4 万人、1 人当たり青果 31,513 円、水産 40,476 円）
宇部市（青果、94、人口 17.1 万人、1 人当たり青果 54,971 円）
徳島市（青果 188、水産 216、人口 26.2 万人、1 人当たり青果 71,756 円、水産 82,443 円）
高松市（青果 162、水産 155、人口 42.1 万人、1 人当たり青果 38,480 円、水産 36,817 円）
松山市（青果 211、人口 51.7 万人、1 人当たり青果 40,812 円）
長崎市（青果 161、水産 43.6 万人、1 人当たり青果 36,927 円）
佐世保市（青果 59、水産 80、人口 25.6 万人、1 人当たり青果 23,047 円、水産 31,250 円）
久留米市（青果 90、水産 57、人口 30.2 万人、1 人当たり青果 29,801 円、水産 18,874 円）
宮崎市（青果 316、水産 75、人口 40.3 万人、1 人当たり青果 78,412 円、水産 18,610 円）
沖縄県（青果 134、人口 139.2 万人、1 人当たり青果 9,626 円）
開設区域人口 1 人当たりの取扱金額はこの表を眺めて実際の卸売市場の状況と比較すると、経験則で
はあるが、3 万円というのが分水嶺と考えている。それよりもかなり多い場合は、拠点市場性がある
と判断し、2 万円以下の場合は低迷していると考える基準の表となる。

○青果中央拠点、水産地方化の市場—第 8 次、第 9 次方針で強制的地方化部分は斜字
北九州（青果 314、*水産 160*、人口 96.7 万人、1 人当り青果 32,472 円、*水産 16,546 円*）

○どちらかが地方化、残りが中央卸売市場—地方化部分は斜字
千葉市（青果 218、*水産 167*、人口 96.4 万人、1 人当り青果 22,614 円、*水産 17,324 円*）
船橋市（青果 98、*水産 149*、人口 61.7 万人、1 人当り青果 15,883 円、*水産 24,149 円*）
姫路市（*青果 107*、水産 197、人口 53.5 万人、1 人当り *青果 20,000 円*、水産 36,822 円）
高知市（青果 156、*水産 112*、人口 34.0 万人、1 人当り青果 45,882 円、*水産 32,941 円*）

○地方卸売市場
　　（民）は民設市場、（三）は第三セクター、無印は公設　　合計は同一市の複数市場合計
　　数値は直近ということで、2011（平成 23）年とは限らない
旭川市合計（民）（青果 271、水産 349、人口 34.8 万人、1 人当たり青果 77,874 円、水産 100,287 円）
帯広市（民）　　（青果 86、水産 78、人口 16.9 万人、1 人当たり青果 50,888 円、水産 46,154 円）
岩見沢市（青果 26、水産 6、人口 8.7 万人、1 人当たり青果 29,885 円、水産 6,897 円）
弘前市（民）　　（青果 273、人口 17.9 万人、1 人当たり青果 152,514 円）
郡山市（青果 85、水産 204、人口 32.8 万人、1 人当たり青果 25,915 円、水産 62,195 円）
水戸市（青果 288、水産 471、人口 27.1 万人、1 人当たり青果 106,273 円、水産 173,801 円）
土浦市（青果 56、水産 47、人口 14.2 万人、1 人当たり青果 39,437 円、水産 33,099 円）
足利市（青果 42、水産 37、人口 15.1 万人、1 人当たり青果 27,815 円、水産 24,503 円）
前橋市（民）（青果 126、人口 33.6 万人、1 人当たり青果 37,500 円）
高崎市（三）（青果 92、水産 49、人口 37.1 万人、1 人当たり青果 24,798 円、水産 13,208 円）
熊谷市（民）　　（青果 112、人口 20.0 万人、1 人当たり青果 56,000 円）
松戸市＋柏市（青果 226、水産 183、人口 88.7 万人、1 人当たり青果 25,479 円、水産 20,631 円）
東京多摩地区（民）（青果 898、水産 19、人口 420.0 万人、1 人当たり青果 21,380 円、水産 452 円）
甲府市（青果 99、水産データ非公開、人口 19 5 万人、1 人当たり青果 50,769 円、水産—円）
富山市（青果 125、水産 55、人口 41.9 万人、1 人当たり青果 29,833 円、水産 13,126 円）
岩国市（青果 41、水産 41、人口 13.9 万人、1 人当たり青果 29,496 円、水産 29,496 円）
宇部市（水産 40、人口 17.1 万人、1 人当たり水産 23,392 円）

鳥取市（青果 78、人口 19.4 万人、1 人当たり青果 40,206 円）
松江市（民）（青果 47、人口 20.7 万人、1 人当たり青果 22,705 円）
赤岡市場－香南市（青果 85、人口 3.3 万人、1 人当たり青果 257,576 円）
佐賀市合計（民）（青果 92、水産 119、人口 23.6 万人、1 人当たり青果 38,983 円、水産 50,424 円）
熊本市（民）（青果 379、水産 169※、人口 74.0 万人、1 人当たり青果 51,216 円、※水産 1 社のみ）
大分市（青果 147、水産 81、人口 47.8 万人、1 人当たり青果 30,753 円、水産 16,946 円）

出所：取扱金額は、食品流通構造改善促進機構『卸売市場要覧 2013』、人口はインターネットから
　　　2014（平成 26）年の人口を検索した。
　　　卸売市場政策研究所・細川允史作成
　　　中央卸売市場、中央拠点市場、地方卸売市場などの区別は平成 23 年当時

（表 4 のコメント）

　開設区域人口 1 人当たりの取扱金額はこの表を眺めて実際の卸売市場の状況と比較すると、経験則ではあるが、3 万円というのが分水嶺と考えている。それよりもかなり多い場合は、拠点市場性ないし産地市場性があると判断し、2 万円以下の場合は低迷していると考える基準の表として使っている。

　政令指定都市のように大きな都市でこの数値が低い場合は、周辺に、より大きな拠点市場がある場合が多い。例えば、首都圏では東京市場が圧倒的な地位を占めていて、その影響で千葉（千葉市、船橋市）、神奈川（特に川崎市）の数値が低い。関西圏でも同様の傾向が明白である（神戸市、京都市水産など）。

　この表の解釈で重要なのは卸売市場は経済行為であるから、県境を超えた流通となっていることで、県別につくる卸売市場整備計画がこの事実を織り込んでいないと正確な計画にならないということである。

　この表により、卸売市場の分類もできる。以下に、分類したものを掲載する。

類型 1──地域密着型で足下を固める

・地域需要はしっかり卸売市場で受け止め、距離が遠い他市場などに流れないようにする。

・仲卸の経営力、販売力が発揮できる条件づくり。卸売会社と仲卸のタイ

アップの仕方の研究。参考事例の収集も重要である。

・地元産地の産品の多くの出荷を受ける。産地出荷者から直接、遠くの卸売市場に出荷されないよう、地元出荷の魅力を工夫する。

・地元の一般小売業とスーパーなどの企業的小売業の両方を大切にする。

・地元市民・消費者・観光客などへの対応を強める。

類型2——県内の中核的機能の発揮→物流、情報の拠点機能を整備する

・県の中核的役割の発揮。県内広域の物流、情報の拠点市場としての位置づけを意識する。

・県内の他の卸売市場と、共同集荷システムを構築して、大型産地からの出荷に対応する。物流、事務面でその中心的役割をはたす。

類型3——近隣県と卸売市場の連携・合体（広域連合）

・まとまりのある県の地域で、中核となる卸売市場があり、隣接県などの卸売市場の能力が十分でない場合に、競争的関係を薄めて、中核的卸売市場の集荷力を共同で享受する関係とする。整備計画も、自県だけの自己完結の計画ではなく、広域連合による卸売市場機能の発揮を前提とした市場整備とする。中核卸売市場以外は、廃止するか、地場もの集荷とそれ以外は中核卸売市場から供給を受ける卸売市場とし、卸売市場の性格を分ける。

・なお、広域連合となると、現在、市が開設者の主流であることと整合性がとりにくくなるが、「開設者の地位の継承」は、卸売市場の土地、建物の所有権の移転などが絡み、他自治体への継承は困難と思料する。あり得るとすれば、企業への事業主変更であろう。市が中心である開設区域の設定という現行制度は、広域化するときに制度上の整合性について再考する必要がある。

類型４──産地市場の機能を強化

・近くの産地が地元卸売市場を飛ばして他の市場に出荷されないように、
対応を強める。

・産地の生産が維持されるように、卸売市場として産地育成に努力する。

・有力商材を持つ産地市場として、その商材を広範囲に出荷して、地元需
要以外の需要をつかむ。これにより、開設区域１人当たり取扱金額の数
値が上がっていく。

・産地市場として地元の有力商材を大都市地域に売り込むには、消費地卸
売市場の卸売会社、仲卸などの取り組みだけでなく行政の取り組みとの
タイアップも重要である。

類型５──巨大都市の卸売市場→バックの人口を基礎とした広域拠点市場

・他県の大きな都市にも広く供給する能力を有する広域拠点市場。巨大な
人口をバックとするので卸売市場としての存続基盤は強い。しかし、構
成する個々の卸売会社が存続できるかは別問題であり、経営努力が大切
である。

・このような広域拠点市場がある周辺の卸売市場は、ない場合に比べて集
荷力が落ちる。それが開設区域１人当たり取扱金額に表れている。この
現実は現実として踏まえ、類型１の地域密着型を基本として、存在感あ
る戦略を練ることが重要である。同時に、営業利益が赤字にならないよ
う、収入に見合った（身の丈に合った）経営体制の構築と、資金繰りが
行き詰らないようにキャッシュフローについてのチェックも重要である。

類型６──特色を出す→ニッチ市場の開拓、独自のサービスなどの人的資源の活用など

・他の卸売市場がやらない分野の発掘で特色を出す。規模が小さい場合に
はそれがニッチ市場でもかまわない。例えば、個人の篤農家的な農業者

の商品に重点を置く、特定の種類の集荷に特化する、小売店が注目するような商品提案能力・プレゼンテーション能力、他分野の商品の組み合わせ提案、トレーサビリティ対応などで、この品物はこの卸売会社に、ということで全国から引き合いが来るようなことをねらう。

類型7——経営力の発揮による力強い経営→これからの卸売市場の大きな方向

・卸売市場の広い土地、施設を活かした新しい動きが始まっている。場合によっては、開設区域制との大幅なかい離や、大型店に特化した物流センター機能など、今の卸売市場の概念からのはみ出しも懸念されるところまで来ている。

（具体的には）

・経営の自由度が高い卸売市場→民設卸売市場に多い
・卸売会社と仲卸との連携的関係の構築
・卸売会社中心型の卸売市場運営（仲卸機能の取り込み）
・仲卸の大型合併などの動き（卸売会社より優位に立つ）
・地理的条件に恵まれている卸売市場が立地条件を活かした動き→高速道路ICに近いなどを活かしての物流センター機能の構築（広域流通化）
・他の卸売市場の卸売会社との集荷連携ができている卸売市場
・物流施設の増強など時代に対応した戦略をとっている卸売市場（卸売会社）

また、この表は、より広い範囲での共同集荷、すなわち広域連合・連携の考え方の重要性も示している（→第6章「広域連合・連携の考え方」参照）。

(3) 県内シェア法

A——【県の総消費量】
県人口×（野菜、果実、水産物の1年1人当たり消費量）
B——【その県の卸売市場の年間取扱量】

卸売市場の１年の取扱量（トン）

※１年１人当たり消費量は、東京都中央卸売市場の第９次計画に使用した数値を援用すると、１年１人当たりの消費量を野菜83.5kg、果実34.8kg、水産物43.8kgとし、これに人口をかける。

県内シェア値＝Ｂ／Ａ×100％

計算例

表５　某地域の県における県内中央卸売市場のシェア（丸めてあります）

	野菜	果実	水産物	人口（万人）
A県	40%	30%	40%	200
B県	60%	45%	30%	285
C県	60%	35%	45%	100
D県	65%	60%	165%	70
F県	90%	50%	120%	75
G県	90%	90%	50%	90
H県	105%	45%	35%	260
I県	35%	25%	35%	550
J県	90%	90%	50%	800

注：計算方法：東京都中央卸売市場の第９次計画に使用した数値を援用すると、１人１年当たりの消費量を野菜 84.5kg、果実 34.8kg、水産物 43.8kg として、これに人口をかけて算出した。

（表５の分析コメント）

・J県がこの地域の拠点市場である。800万人の人口の90％をその県の中央卸売市場でまかなっている。ただし、全部をまかなって余りあるほどではなく、他からの供給がある。

・I県はJ県の隣にあり、人口も多いが、J県の拠点性が強いので、卸売市場が弱体となっている。

・F県は、人口は少ないが、青果、水産とも大産地を抱えており、産地市場としての機能が強い。

・H県は、産地もあるが人口が多い大消費地である。J県と隣接しているに

第4章　市場間格差拡大の深刻化　*65*

もかかわらず、卸売会社の経営力が強く、青果で県人口を超える集荷を
している。その販売先は、F県と反対方向の他県である。F県にとっては、
H県がその方面への販売の壁となっている。

・D県は海に面した水産産地県である。しかし人口は少ない。

・A県はそこそこの人口を持っており、F県からも遠いが、自県内の販路
を抑えきっていない。県内の販売先に対するアタックがもっとも緊要で
ある。

(4) 同一の広域地域の県別人口の比率と県内卸売市場の取扱い比率の比較

これを算出すると、ひとつの連単した広域エリアにおいて、どの県の卸売
市場が力を持っているか、ということがわかる。

例えば首都圏の人口は、2015（平成27）年10月1日の国勢調査で、1都3
県の合計が3,613万人、うち、東京都37.4％、神奈川県25.3％、埼玉県20.1％、
千葉県17.2％である。各都県の卸売市場取扱規模（金額ベース）のシェアは、
**東京都・青果62.6％、水産68.9％、神奈川県・青果16.8％、水産17.8％、埼
玉県・青果10.5％、水産4.6％、千葉県・青果10.1％、水産9.3％**となっていて、
東京市場に極端な集中化を示している（卸売市場の取扱額算出の基資料は、
2013年版食品流通構造改善促進機構『全国卸売市場総覧』）。

これを見ると、東京都の卸売市場が、水産は約7割、これは事実上、築地
市場1市場が、首都圏卸売市場の約7割の供給を担っているということを示
している。文字通り、首都圏の台所といえる。

また、青果においては、東京都の卸売市場（中央卸売市場と多摩地区の地
方卸売市場の合計値）は首都圏全体の6割強のシェアを持っていることにな
る。ただし、青果では、東京都中央卸売市場で9青果市場の中では大田市場
が約5割のシェアをもっているものの、多摩地区に821億円（2015（平成
27）年の実績値）の取扱額を持つ大型卸売市場があり、東京都のなかでは大
田市場は水産の築地市場のような極端な集中性はない。とはいえ、大田市場
の首都圏に占めるシェアは、筆者の計算では約25％となり、青果で一人勝ち

と言われる大田市場ではあるが、水産の築地市場には及ばない。それでも、高い集中度を持っているのは事実である。

この、青果と水産の集中度の違いは、青果物は陸地にあって、各地でつくられていて地場出荷も多いのに対して、水産物は、産地からの集荷が大市場に集中する傾向があることが背景となっている。

こういう分析ができる。これは、関西圏、その他、人口が都府県境を超えて広がっている地域での広域に亘る卸売市場機能の分析に役立つ。このような考えが適用できそうな地域がいくつかある。

この状況のような場合は、都県を越えた広域的視野で卸売市場の機能を考えるべきで、それに基づいた計画とする必要がある。また、都道府県ごとに卸売市場整備計画をつくることが、いかに現実と合っていないか、がよくわかる。

これについては、第5章「市場間格差拡大の対応策Ⅰ─中央拠点市場制度に代わる集荷支援システム─」と、第6章「市場間格差拡大の対応策Ⅱ─広域調整・連携・連合の考え方─」で詳述している。

その他にも、いろいろな分析手法が考えられる。このような分析手法を駆使して、その卸売市場の性格を把握し、その上で長所を伸ばし、弱点を克服する経営展望を作るという科学的手法が大切である。分析手法の開発については、後進の研究者に期待したいところである。

3　自県内での自己完結などない

2の分析手法でわかるように、ひとつの県内の卸売市場で集荷が完結するというのはないといえる。表5で100％を超える県でも産地市場の県では、産地である産品は他県に出すだけの量があるが、足りないものもあるはずである。大人口県で広域拠点市場を持つ場合は、100％を超えると、これは文字通り自己完結がほぼ可能な県と言えるが、おそらくそれは、東京都だけだろう。

第4章　市場間格差拡大の深刻化　*67*

　このように、約200～300kmの圏内では、お互いの荷の交流があるのが現実である。また、それから遙かに遠い地域では、人口が少ないので輸送効率が悪く、さらに次の目的地までの距離も遠いとあって、物流に苦労しているのが現実である。

　今の卸売市場法で5年ごとの卸売市場整備基本を定める際に、各県も自県の卸売市場整備計画をつくることになっているが、自県で自己完結しない実態を考慮に入れた計画は作られていないのが現状である。これでは、的確な卸売市場の整備、配置の計画は出来るわけがない。つまり、現行卸売市場法に基づく卸売市場整備基本方針のやり方は、より広域の視野での分析と計画かが必要で、改善の必要があるということである。

　卸売市場法の改正等、法制度の整備をするなら、このような点もぜひ改善していただきたい。

第5章

市場間格差拡大の対応策Ⅰ
―中央拠点市場制度に代わる集荷支援システム―

【主題】

○中央拠点市場制度が撤回されたが、第4章で述べたように、市場間格差（実際には、卸売会社間格差）はますます明確化してきている。中央拠点市場制度が撤回になった理由の解明を行い、それを基に、実効性ある集荷支援システムの構築について検討、提起をしたい。

○全国から荷が集まる拠点機能を持った卸売市場と、それからの集荷支援で維持できる卸売市場とは、性格は異なるとは言え、地域の生産者や小売側にとってはいずれも必要なものであり、その維持のシステムが必要である。

○また、全国からの荷については集荷支援が必要でも、地元の産地については、直接の集荷が可能であり、その産地と地元卸売会社との連携により、全国に通用するブランド品の開発が出来れば、その品に関しては、地元卸売会社が拠点市場である。

○その総合的運用が出来るシステム（グループ化）として考えたのが、本章である。

○このシステムは、主として青果卸売市場によく当てはまる。花き卸売市場にも適用可能かも知れない。しかし水産においては産地市場があり、消費地卸売市場において、ブランド化というのは困難な点があると考える。水産においては、青果よりも拠点性が強く、第6章「市場間格差拡大の対応策Ⅱ――広域調整・連携・連合の考え方」が、より適合すると考えている。

1　拠点市場は存在するのに、中央拠点市場制度はなぜ潰えたか

　生鮮品において、大型卸売市場への出荷集中傾向は確かに存在し、しかもそれが強まりつつあることは明白なのに、それにより集荷困難度を増す卸売市場への集荷支援を目的とした中央拠点市場制度が、2011（平成23）年の第9次方針で設定されながら、なぜ、次の第10次方針であっさり撤回されたのか。この分析は、実効性ある集荷支援システムを考える上で重要であるので、まず、中央拠点市場制度がなぜ潰えたのか、について分析することとする。

　2016（平成28）年2月に第10次卸売市場整備基本方針（以下、本書では「卸売市場整備基本方針」を「方針」と略称する）が策定公表され、5年前の第9次方針で新たに出された「中央拠点市場制度」は、わずか5年で消滅となった。第10次方針自体、これまでの方針として伸びていくという勢いを失い、横ばい、ないし下降線という感じがする。まさに5年ごとに卸売市場整備基本方針を定めるという制度・政策、延いては卸売市場法の制度そのものの行き詰まりを象徴しており、整備方針は迷走状態といえ、中央拠点市場制度の短期間での撤回は、行き詰まりの象徴と言える。その理由について、以下に考察する。

(1) 拠点市場の規模、概念の考察不足

　拠点市場というのはいつごろから現実的な概念となってきたか。筆者も考えてみたが、明確な年の線引きはできていない。青果の神田市場（現：大田市場）、水産の日本橋魚市場（現：築地市場──2017（平成29）年1月現在）というのは江戸時代から拠点市場だったことは間違いないが、拠点としての広がりの規模は現在と非常に異なる。物流能力がまるで違うからである。

　しかし今の拠点市場というのは、江戸時代とは概念が違うように思われる。江戸時代は、ただ大きくて地域の中核であったという性格と推察する。今は、ただ規模が大きいということだけではなく、その卸売市場の地元需要（直接

取引範囲）を大きく上回る取扱規模があり、集荷力が弱い卸売市場（正確には卸売会社）への供給機能を果たしている卸売市場を指す、と考えている。

そのように定義した拠点市場には2種類あり、ひとつは地元に有力な産地があり、その集荷を一身に受けて引き受け、他に出荷する産地市場である。ふたつは、大消費地に立地し、強大な地元需要に支えられて元々規模が大きな卸売市場で、その販売力がバックとなって、全国的な広範な産地からの出荷が集中している卸売市場である。中央拠点市場制度で意図した拠点市場は、後者を指すと考える。

しかしながら、地元に生産が少なく、遠距離からの集荷に頼る必要がある卸売会社や、規模が小さい卸売会社では、どう努力しても、他市場からの転送等に頼らざるを得ないという卸売会社もある。その場合、その卸売市場の存立理由は、産地市場の機能がある場合と、背景がそこそこの人口がある都市であって、町に八百屋さん、魚屋さんがいて、その卸売市場がないと買い出しが不便であるということである。近くに大型の卸売市場があれば、そこへ仕入れに行くので、産地市場以外は、そもそもその卸売市場はいらないはずである。つまり、今ある卸売市場は、存在理由があって存立しており、その理由がまだある限り、それへの集荷支援で卸売市場を長らえさせることは重要な政策課題と言える。

つまり、集荷力は弱いが、地元にとって必要な卸売市場を、拠点市場が荷を送ることは政策としての意味がある公的性格を持っており、それを根拠に助けよう（筆者は「集荷支援」と名付けている）というのが中央拠点市場制度の公的性格であると筆者は考えているし、それ故に、国が開催した第9次方針の検討組織の会合に呼ばれた筆者が、「拠点市場を核とした集荷支援による全体としての卸売市場制度の維持の必要」という主張をしたのである。それが採用になったかどうかは定かではないが、結果として出てきた中央拠点市場制度は、筆者の考えを大きく逸脱したものであった。

それは、①国が決めた中央拠点市場に該当する基準は、実際には拠点市場といえない多くの中央卸売市場が入っていて、拠点市場の意味が不明確にな

第5章　市場間格差拡大の対応策 I　　71

ってしまっている。なんでこの市場が、というのが多数入っている。中央拠点市場が一種のステータスのように捉えられた面もある。

　②中央拠点市場に指定されても国からの実利的メリットがなにもない、拠点市場機能のための施設への補助といっても、そのような施設は必要ない。

　③本当の意味での拠点市場というのは、全国規模の拠点市場は青果では東京の1市場で、水産ではどうか。関東地方、近畿地方などのブロック単位では、青果、水産とも存在するだろう。また、同一県内での拠点というのは結構存在するが、それを中央拠点市場制度というレベルで入れるかどうか疑問。これでは制度としての普遍性に乏しいのではないだろうか。

　④部類ごとに中央拠点市場の指定をしたために、例えば、青果部は中央拠点市場、水産物部は地方化、などという極端な部類の分別が行われ、卸売市場全体の統一性が破壊された。それによるイメージダウンは大きく、開設自治体も市場運営に大きな戸惑いとなった。しかも、中央拠点市場といってもなにをやるのか、やれるのか、わからないということでは、意味がないということになり、制度廃止も当然ということになる。そういう声が大きく、国も説明できなかったことが、廃止につながったと考える。

　なお、卸売市場政策研究所は、第10次方針に対する意見開陳（2015（平成27）年7月）で、中央拠点市場は市場全体として指定するべきである（部類ごとではなく、例えば、青果は中央拠点市場、水産は地方化などのアンバランス状態をつくらないということ）という意見を国に提出している。実際、部類ごとの指定によるアンバランス状態は、多くの混乱を生んだ。

　しかしながら、筆者としては拠点市場を制度的に支援という考え方自体は間違っていなかったと考えている。だから、形を変えてよみがえらせる必要があると考えた。それは、以下の視点である。

(2) 卸売市場と卸売会社の混同／自治体の役割の過大評価→拠点市場の主役は卸売会社

　拠点市場という性格を作る原動力は卸売、集荷に当たる会社である。青果部、水産物部などの部類ごとに卸売会社が1社しかいない卸売市場では、卸売市場＝卸売会社の性格で拠点市場かどうかが決まると言えるが、中央拠点市場になるような大規模の卸売市場では、同一部類に複数の卸売会社がいることが多い。その場合、卸売会社の性格、経営姿勢はそれぞれ異なり、それ故に複数の卸売会社が存立できるわけで、卸売市場単位で拠点市場というのは、そのような卸売会社がいる卸売市場という意味になる。しかし、拠点機能を果たしていない卸売会社がダメな卸売会社ということにはならない。地元出荷を大事にし、地元需要を大事にして濃密な経営をしている卸売会社は、経営内容もよいし、いい品物を集荷してしっかりした経営基盤を築いている。このような例もいくつかある。ある意味で地元出荷を大切にするのは卸売会社の王道である。だから、拠点市場ないし拠点卸売会社でなくても、安定的に力強く生きていく道はあるということである。

　拠点市場機能に話を戻すと、実際の拠点市場機能を担うのは卸売会社であるから、そこから荷を調達する卸売会社や仲卸業者は、民対民の取引ということになり、公設卸売市場では開設自治体同士が連絡調整する話ではない。拠点機能を持つ卸売会社を頂点としたグループ化ということになる。開設自治体になんの権限もないということを失念しているとしかいいようがない。

(3) 中央卸売市場に限定では実効性なし

　拠点市場（卸売会社）の頂点に立つ卸売会社は、数百億円以上の規模を持つ巨大卸売会社がほとんどであろうが、それが中央卸売市場とは限らない。水産においては、北海道、長野県、熊本県などの卸売会社を除いては、大型卸売会社はほとんどが中央卸売市場であるが、青果においては、水産以上に

地方卸売市場の卸売会社で大型の卸売会社が複数ある。これらが第9次方針に基づく中央拠点市場制度では、完全に無視されていた。この轍は踏んではならない。

　中央卸売市場だけでなく、地方公設、民設・三セクなどすべての開設形態の卸売市場を対象にしないと実行性がない。また、公設卸売市場の開設自治体に、他市場・他自治体や民設卸売市場と連携を交渉する権限も現実性もほとんどないと推測している。そうすると、市場間連携を実際に遂行できる主役は卸売会社ということになる。卸売会社が連携交渉する相手は、中央卸売市場どうしだけでなく、公設卸売市場、民設卸売市場、そして青果、水産の部類をまたがった連携交渉、さらには市場外企業との連携、などもありうることになるし、それを制限するべきではない。企業活動により、卸売市場の性格も相当幅広いものになる可能性がある。このような、可能性の広がりが、新しい知恵を生み、卸売市場活性化の原動力となっていく、という展望を筆者は持っている。

　そうすると、中央卸売市場を軸とした現行卸売市場法とは随分と違った法体系としないといけなくなる。その意味でも、現行卸売市場法制度は一端リセットして新制度への移行により、より実効性ある、卸売市場が機能を発揮できるシステムの構築という目標が出てくる。

2　県域を超えた実効性ある集荷相互支援システムへの展望
—核は市場単位ではなく卸売会社単位—

　拠点の考え方は、これからの卸売市場を考える上で欠かせない概念であり、国が第9次方針に入れたのは決して間違ってはいなかった。ただ、前述したように、卸売市場単位、それも中央卸売市場に絞ったことが実行性を伴わなかった大きな要因である。それを実行性あるものにする考え方は、卸売会社のグループ化という概念を元に組み立て直すことである。卸売市場法に、中央卸売市場中心主義があるとすると、公設、民設、中央、地方、という区別

を取り払った、法自体の改造が必要である。

　その意味で、国が5年ごとに作らなければならない整備基本方針において、筆者が論ずるような考え方を第10次方針に入れることは元々不可能なことで、中央拠点市場制度の廃止という事態について、国を責める気持ちは毛頭ない。むしろ、これからどういう卸売市場政策、制度とするべきか、ということをゼロベースで考える契機とするべきだと考えている。ただ、中央拠点市場制度の短期間での廃止ということ自体が卸売市場法体制の限界と新制度の必要性を示していると言えよう。

　また、中央拠点市場制度の廃止を巡る卸売市場制度の考察は、青果、水産だけでなく、花き市場においても同様の考察が当てはまるということを指摘しておきたい。つまり、公設と民設の同列化、卸売会社単位で集荷システムを考えること、などについてである。花き卸売市場においては、地方卸売市場と民設卸売市場の比重が高いのでなおさらであると言える。

　さらに、食肉市場もある。これらも含んで総合した視野での卸売市場制度のあり方を論じる必要がある。

　図2に、卸売会社単位でグループを組んで、相互に得意な商品を融通し合うシステムを示す。卸売会社は公設でも民設でもよい。また、グループの範囲が県境を超えた広域でもよい。わが国全体の範囲もありうる。さらに海外

図2　卸売会社グループ化による集荷支援システム

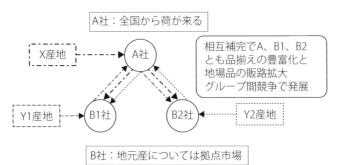

まで拡大することも不可能ではない。本来の拠点機能を持つA社の広範囲の集荷力に依拠しながらも、地元産地を持つB社やC社は、地元商品のブランド化に努力して広範囲に通用する商品に仕立て上げ、それをグループ内の卸売会社どうしで流通し合うことにより、その商品の売上げは伸び、産地は発展できる。まさに、産地と卸売会社のコラボレーションで、それをグループ内の他社が支え合うというしくみである。地元商品については、それを持つ卸売会社が拠点会社と言える。

このしくみでは、公設卸売市場にあっても、開設自治体は何もすることがない。また、県境を超えたり、民設民営卸売市場もグループに入ることも可能で、実現性が高いしくみだと考える。

第6章

市場間格差拡大の対応策 Ⅱ
―広域調整・連携・連合の考え方―

【主題】

○流通圏の広域化により、大型化した卸売市場は開設区域を遙かに超えた流通圏を持ち、その分、県を超えて周辺卸売市場は取扱減少という格差拡大が進行している。

○同じ県であれば、行政も調整のしようがあるかもしれないが、県境を跨がった広域流通圏の卸売市場どうしの有り様は、広域自治体連合ないしは国が調整に乗り出さないと、一開設自治体の手に余る課題となっている。⇒広域調整

○広域調整をさらに進めて、産地出荷者が望む出荷先は行政による調整は出来ないことを前提として、その荷が集中する拠点市場から、同じ流通圏の他県の卸売市場への集荷支援により、お互いに存立しうる基盤をつくるという考え方ができる。⇒広域連携

○もしその拠点市場が老朽化により建て替えが必要という場合には、一自治体がたてるのではなく、広域連合の県が共同運用できる施設・機能とするのがもっとも趣旨に適合する。⇒広域連合
⇒広域連合の考え方は今までにないシステムとなるので、実現には課題が多く、深い検討が必要である。

○水産卸売市場では、集荷の集中度が青果よりも大きい傾向があり、広域連合により適する性格がある。しかし、青果卸売市場においても、集荷集中度が進み、卸売市場の過密化と過疎化が同時並行的に進行していて、広域連合が視野に入りつつある状況も見られる。

1 県境を超えた広域の考え方のきっかけと到達点

　流通圏の広域化により、大型化した卸売市場は開設区域を遙かに超えた流通圏を持ち、その分、周辺卸売市場は、県を超えて取扱減少という格差拡大が進行している。特に首都圏でこれは明確かつ深刻に進行している。これにより、同じ大都市圏エリアで県境を超えた卸売市場の著しい格差が生じており、開設自治体（とくに「市」による開設の場合）は、その開設自治体単独では打開策が見いだせない状況となっている。

　筆者の数年前（酪農学園大学時代）の経験であるが、ある公設卸売市場の開設自治体が、県境を超えた大型公設卸売市場に併合してもらいたいが、力になってくれるか、という相談を持ちかけられた。さすがにそれは、その時点では不可能な話とするしかなかったが、ここまで事態は進行していることを痛感した次第である。

　卸売市場法の「開設者の地位の継承」という規定も、このような広域に渡る再編は想定していないと考える。せいぜい、市の開設を県の開設にするという程度である。また、それ以上は、誰が継承者となるかは全く見当がつかず、「開設者の地位の継承」ということ自体、「絵に描いた餅」である。卸売市場法を直すなら、このあたりも再考していただきたいところである。

　また、これはかなり前になるが、筆者が大学時代にある公設卸売市場幹部に呼ばれた。その自治体は移転新設を考えていて、その候補地をどう思うか、と意見を聞かれたことがある。筆者は、それについては事前に研究していて、「その卸売市場は、県境を超えた広範な拠点市場となっているので、新設するなら関係県で共同の広域連合卸売市場を作り、産地からの荷はそこに集中させ、そこから各卸売市場に分荷するシステムにするのがいい。そうでないと、そこが一人勝ちして、他は立ち枯れていく、それが広域に起きるのは問題だ。また拠点市場のある県には適当な広い敷地がないということであれば、広域連合ならば、構成する別の県の適切な場所を確保できるという考えもあ

る。」とお返事したが、そのようなスケールの構想は、卸売市場法でも整備基本方針でも想定していない、となって、話だけで終わってしまった。これが広域連合という考え方を筆者が持ったきっかけである。

　上記の例以外にも、いろいろな地域で、県境を超えて隣接し合う卸売市場どうしが拠点市場を中心とした強弱がはっきりしている地域はいくつかある。最近、具体的に話をしたブロックもある。行政の境界線の壁で手をこまねくのではなく、お互いが支援し合うような関係のシステムが作れないか、ということは、筆者が常にかんがえていることである。このような筆者の体験も踏まえた、多くの卸売市場の連携による卸売市場機能の向上という考え方に立った、段階を踏んだ手順についての筆者の考えの到達点は、広域調整・連携・連合という考え方である。この順番で、広域対応の度合は強くなる。

2　広域調整・連携・連合の考え方

　広域調整・連携・連合の考え方について、以下に順次解説する。

　重要なことは、広域調整・連携・連合の考え方という構想には、公設卸売市場だけでなく、第三セクター卸売市場、民設民営卸売市場など、あらゆる開設運営形態の卸売市場を包含して対象にするべきだということである。公設卸売市場、中央卸売市場だけで話を進めて、地方卸売市場、第三セクター卸売市場や民設民営卸売市場などを置き去りにするのは適当ではない。これが、中央卸売市場中心主義、公設卸売市場中心主義を筆者が批判する理由である。

(1) 広域調整

　同じ県であれば、基本的に市が開設者である公設卸売市場について県行政も調整のしようがあるかもしれないが、県境を跨がった広域流通圏の卸売市場どうしの有り様は、広域自治体連合ないしは国が調整に乗り出さないと、一開設自治体の手に余る課題となっている。公設卸売市場は市による開設が

多いので、県、広域連合、国、等がどのような権限で調整に当たるか、ということを明確にしないと、実行性は薄い。

また、卸売市場法で、国が整備基本方針と整備計画を作る際に、都道府県も整備計画をつくることになっている。しかし、他県卸売市場から多くの荷が来ている状況を踏まえないと、自県で自己完結するような計画をつくってもそれはまさに「絵に描いた餅」である。

県境を超えた広域的視野で行政が生鮮品流通の計画を共同でつくるのか、それとも企業活動の成り行きに任せるのか、またはその双方なのか、という選択肢になると考えるが、企業活動に任せると、弱肉強食となることは避けられず、極端に差がついて、地域政策にも支障を来すことになる。

(2) 広域連携

広域調整をさらに進めて、産地出荷者が望む出荷先は行政による調整は出来ないことを前提（受託拒否禁止原則）として、その荷が集中する拠点市場から、同じ流通圏の他県の卸売市場への集荷支援により、お互いに存立しうる基盤をつくるという考え方である。**集荷支援**というキーワードがポイントとなる。これは、第9次卸売市場整備基本方針で導入された中央拠点市場制度でも考えたことだし、筆者が第9次方針の検討会議で提案したことでもあったが、実際の中央拠点市場制度のしくみがそうなっていなかったのが、第10次卸売市場整備基本方針で中央拠点市場制度が撤回となった理由である。

某大型卸売市場に、その開設区域を遙かに超える入荷が集中し、それへの対応が問題になった某県で、「産地出荷者が、特定の卸売市場に集中出荷するのを制限すればいいのでは」、という声があったと聞くが、出荷者がどこの卸売市場に出荷するかは、出荷者の意志であり、その尊重・保証が卸売市場制度の根幹の一つである（差別的取扱禁止原則、受託拒否禁止原則）。これは卸売市場の公的役割として大変大切な取り決めであり守られなければならない。開設自治体に出荷を阻止・調整する権限はないというのが現行卸売市場法である。であれば、県境を超えて卸売市場、卸売会社、仲卸などが連

携するしくみを考えていく必要がある。

　しかし、卸売市場には公設卸売市場もあれば民設民営卸売市場もある。公設卸売市場の開設自治体が広域調整に動くというのはなかなか腰が重いようである。まして大型民設民営卸売市場に頭を下げに行くのは、およそ考えにくい。中央拠点市場制度も結局は機能せずに5年で生命を終えたのは、開設自治体が何もしなかったからである。卸売市場には民設民営卸売市場もあることから、全てを包含して調整するしくみが必要である。地方自治法上の広域連合が結成できれば、その権限の行使が可能かも知れないと考えている。

　卸売会社や仲卸レベルでは、今でも企業同士のやりとりはある。これをもっと制度的に出来ないか、という提起である。

(3) 広域連合

　もしその拠点市場が老朽化により建て替えが必要という場合には、一自治体がたてるのではなく、広域連合の各県が共同運用できる施設・機能とするのがもっとも趣旨に適合する。広域連合による施設は、これまでにない全く新しいシステムとなるので、検討・考察が必要である。このような事業の受け皿として、広域連合が考えられる。

　地方自治法上の広域連合とは

　　地域振興など、都道府県や市町村の区域を越える広域行政需要に対応するため設立できる特別地方自治体。1994（平成6）年6月の地方自治法改正で創設された。都道府県間、市町村間、都道府県と市町村間など多様な組み合わせが可能。広域計画を作成し、必要な連絡調整を図り、総合的かつ計画的に広域行政を推進する。広域連合は、広域連合の処理する事務ばかりでなく、これに関連する構成団体の事務についても盛り込むことが出来る。

広域連合による施設の機能については、いくつか考えられる。構想検討のための想定として、下の4県を仮定する。

（架空想定）A、B、C、D 4県の広域連合

①A、B、C、D県が広域人口集中圏を構成していて、そのうちA県がもっとも人口が多く、4県の3割を占めている。

②A、B、C、D各県にはそれぞれ卸売市場が存立しているが、A県には一人勝ち状態で、他を圧する卸売市場が存在していて、4県合計の取扱規模の6割を占めている。つまり、卸売市場は、他の3県の県民に供給していることになる。

③②の状況を受けて、B、C、D 3県の卸売市場は衰退をしていて、十分な集荷力がない。

④全国の産地からの出荷は、もっとも大きなA卸売市場に集中的に出荷している。そのうち、3分の2はA卸売市場の扱いとして市場内に運ばれ、残り3分の1は、A卸売市場の敷地内で仕分けられて、他卸売市場へ横持ちで運ばれている。横持ち運賃は出荷を受ける卸売市場（卸売会社）持ち。横持ち運賃負担の卸売会社は、その分、経営上、不利になる。

⑤3県の卸売市場は、A卸売市場から相当の距離があり、地域的には独立性がある。

⑥A卸売市場は老朽化していて、建てかえが必要であるが、A県内には広域連合卸売市場のために必要な土地がない。A県に隣接しているB県のE市に適地がある。

上の条件で、広域連合卸売市場（①は卸売市場とはいえないので、施設としている）のあり方を順次考察してみた。

①共同荷受け機能中心

　花きの共同荷受けの機能と同じように、広域圏卸売市場への出荷者は広域連合施設へ、出荷先卸売市場・卸売会社名を記して送荷する。広域連合施設で、行き先別に積み直して横持ち配送する。この費用は、花き共同荷受けの場合は、出荷者持ちとなっている。

　この場合は、広域連合施設には卸売機能はなく、単に取り次ぎだけの機能となる。しかしこの場合の問題は、A卸売市場には、常にトラック満載で荷が届くので、A卸売市場にとっては、広域連合施設でいったん降ろして積み替えるだけ、コストが余計かかるので、A卸売市場にとっては必要ない施設ということになることである。また、A卸売市場は、卸売市場機能が別に必要となる。

②共同荷受け機能＋A卸売市場の機能

　これは、現在はA卸売市場の空きスペースで非正規に行われているもので、それを正式機能とすることになる。A卸売市場にとっては、A県には広い土地がないので隣接して距離的には近いB県に広い施設が出来れば同意できる。問題は、A、B、C、D４県が対等の広域連合であるはずなのに、広域連合卸売市場に入場できるのはA県卸売市場だけというのは不公平感が出て不満となる可能性があることである。

③A、B、C、Dの各卸売市場が対等の権利を持って広域連合卸売市場に入
　場する

　この場合は、多くの卸売会社が広域連合卸売市場に入場することになることによる混乱と過当競争が予想されること、A、B、C、D４県から全社が引っ越したのでは、地元が空白になり、地域も広いことから、小売商にとっては非常に不便になること、などが考えられ、不満が出る。

④A、B、C、Dの各卸売市場が対等の権利を持って広域連合卸売市場に入

場し、かつ地元にも支社を置いて、広域連合卸売市場の本社から送荷して、地元需要に対応する

この案であれば、①〜③の問題は解決する。各卸売会社の地元支社は、地元機能だけあればいいので、面積も小さくて済むはずである。各社が支社に送荷するので、横持ち費用の負担問題も解決する。A卸売市場の広域機能も、広域連合卸売市場では十分な広さと機能を設置できるので、機能強化される。

また、広い面積があるので（想定で、水産、青果、それに花きも含めると100〜200ha程度は必要か）、物流センター機能や高性能の冷凍冷蔵庫、定低温補完機能、荷捌き機能、加工機能、などの近代的機能を備えることが出来る。

4県の卸売会社はかなりの数になると思われるが、卸売会社はこの機に合併して2、3社に集約することで、経営合理性と適度の競争性を保持することも可能である。

仲卸は、各卸売市場で希望に応じて広域連合卸売市場に出店する権利を認めるが、あまりに数が多ければ、広域機能ということを基準にした選別を行うことも考えられる。残りは、地元に残った地域卸売市場で役割を果たすことになる。

各県の経費負担割合は、各県の人口を基本とするか、合同する前の取扱規模を基本とするか、その他の考えとするか、いろいろな考えができるが、そこは協議事項となる。とりあえずこのようなイメージを描いてみたが、これは単なる仮定である。

こう考えを進めてくると、今のところの考察の到達点では、④がいいように思えるが、多くの議論を待ちたい。しかしながら、特定の卸売市場が広域地域で一人勝ちで後は立ち枯れ（「一将功成り万骨枯る」）はこれならば避けられる可能性があると考えるがいかがであろうか。

いくつかの地域で適用可能と考えるので、この際、国の方でしくみをつくれば一番スムーズに行くと考える。

(4) 広域調整・連携・連合の考え方が実現しなかったらどうなるか

　もし、このような機能ができなければ、必要あるところにはビジネスあり、採算が取れるなら企業が乗り出すこともありうる。これと、内閣府規制改革推進会議提言によるような第三者販売や商物分離の自由化が加われば、この公算もゼロではないだろう。すでに、大手企業が、卸売市場に商機を見いだして、買収先を物色に入っているという情報も届いている。

3　広域調整・連携・連合の考え方を踏まえた整備計画の必要性

　上述のように、実際の卸売市場の営業範囲がまちまちで、県境を超えた勢力図となっている今日、卸売市場法による都道府県作成の整備計画というのは、その都道府県の行政としての守備範囲と整合性がない。例えば、広域圏で非常に取扱規模が大きく、隣接県までの供給範囲がある県と、その荷により供給が補給されている県では、その県内の卸売市場整備計画は違ってこなければならないはずである。しかし、他県からの流入量を県内需要量から引いて、当該県の卸売市場の集荷必要量を出している県はメンツということかどうかはわからないが、今のところないように思う。

　筆者は卸売市場がまだまだ生鮮品流通（特に、水産、青果、花き）において中心的役割をこれからも果たすべきと考えているが、そうであればあるほど、卸売市場整備計画は、実態に合ったものでなければ実効性と実行性がない。

4　広域調整・連携・連合の考え方の制度化を希望する

　広域調整・連携・連合の考え方というのは、複数の県（都府県——北海道は他県との連合は考えにくいので「道」は除外）が連合して同一卸売市場機能を確保するものである。このしくみは、卸売市場法に規定がなく、自治体

間の協議でできるかもしれないが、実際に実行しようとするとハードルは高い。ぜひ新しい制度設計には入れていただきたい。

　もし、公設卸売市場の民営化方針が出たとしても、広域調整・連携・連合の考え方は、広域で卸売市場機能の一体的運用を考えるシステムなので、公設卸売市場、民設民営卸売市場が全部加入しないと実行性はない。その意味では、民営化でも可能だと考える。現に、開設形態が違う北海道7空港の運営の一括民営化が計画されている。同じ企業が7空港の運営を一括化することで、より柔軟な経営の実現が期待されている（第9章参照）。

　広域連合卸売市場が、各地域に残る卸売市場をブランチとして一括運営するということも考えられないわけではない。広域調整・連携・連合の考え方は、公設卸売市場だけを対象にしたものではない。むしろ、第三セクター市場や民設民営卸売市場も入らないと実効性がないので、その意味では、全部民営化となってもできる、と言える。

第7章

戦略レベルの経営戦略（展望）作成のポイント

【主題】

○第9次方針に続いて、第10次方針でも、経営展望の策定が主題とされている。

○第9次方針はコンサルを入れてとなっていたのが、第10次方針では「市場の開設者と関係業者が一体となって」としているのが特徴。しかしこれで十分な内容を持った経営展望が出来るのか、多くの市場関係者が疑問を持っている。

○真に内容のある経営戦略（展望）は、二つのジッコウセイ、つまり実効性と実行性を持った内容であるべきである。

○これをどうやって実現していくのか

○公設卸売市場の経営戦略（展望）は、どうあるべきか

1　筆者が取り組んだ経営戦略（展望）作成の経験から

　最近、筆者が経営戦略（展望）の作成を依頼されて関わったある公設卸売市場では、会議の冒頭で「公設卸売市場においては、市場全体でつくる経営戦略（展望）というのは、開設自治体ができることを除いては、個々の市場企業がつくるべき経営戦略（展望）をつくる参考にするという位置づけです。従って、会議で、皆さんの前で披露したくない社内秘密の戦略方針についてはいわなくていいです。」と述べた。会議が始まる前に、いくつかの市場企

第7章　戦略レベルの経営戦略（展望）作成のポイント　*87*

業から、「会議の場で、わが社のやっている商法をいうわけにはいかない」
と言われた。聞けば、なかなかの取り組みをしている。これが卸売市場全体
の経営展望に入れば迫力があるのだが、そういう取り組みに限って、当然の
ことながら企業秘密になる。この矛盾をどうするか、と考えた末、このよう
な発言をした。公設卸売市場では、市場企業は寄り合い所帯なので、このよ
うな難しさがある。

　そこで、機密の部分は丸めて、了解を取った上で、全体方針に載せること
にしたのである。このような調整能力も必要になる。また、第4章で述べた
市場間関係の分析手法を用いて、その卸売市場がどのような位置づけにある
かを示した。これは参加者に現実を知らせることになり、そこからの出発と
言うことで議論が進むきっかけとなった。「こんなに他市場に荒らされてい
るとは思わなかった。ショックを受けた。」と語る会議参加者もいた。そこ
から、何とかしなければと言う「背水の陣」の気持、自分の事という気持が
生まれる。「敵と己を知る」ことで、議論は深まり、後は、それぞれの企業
が自分で考える、という意識が醸成されてきたと感じた。会議は仕上げで、
その前の個々の市場企業との話し合いが大切である。ただし、聞いた話は秘
匿することが大前提で、他社に漏らしたら信頼がなくなり、一度で作成不能
になる。開設自治体の職員が同席した場合は、その点に念を押す。

　「卸売市場一体となって、いいアイデアをどんどん出して、いい経営戦略（展
望）をつくれ」と期待したとしたら、それは大間違いである。それができる
のは、司令塔がある民設民営卸売市場だけである。むしろ、いいアイデアは
社外には秘匿する。

　筆者は、各市場企業の経営内容、社内体制も可能な限りで把握し（それも
公開できない秘匿情報）、個々の情報の積み上げとしての全体像を把握し、
周辺他市場の動き等も頭に入れた後、大きな視野での戦略構想を練っていっ
た。

　それを具体化するのは、個々の市場企業であるが、その取り組みのヒント
も加えていった。卸売市場全体の方向性を示すというのが最終目的だと考え

る。公設卸売市場における経営戦略（展望）の作成と言うことは、全てを手取り足取りの戦術を伝えることではなく（つくれないと思うが）、各市場企業が自立的に作戦を立てる力量を高める支援をすると言うことだ、と筆者は最近悟ったところである。

また、筆者は、作成については責任を持って取り組むが、報告書を提出して終わりではなにもならない。できれば実行についても関わらせて欲しい、とお願いした。公設卸売市場では、各市場企業に強制力を持って実行、執行することはできない。そのような司令塔は存在しない。丁寧にお願いするとともに、納得していただいた中で、状況を踏まえての作戦変更や具体化も必要である。そこまで関わらせていただくのが大切である。報告書では、全体的な取り組みのヒントという位置づけにしても、その具体化を各社がどう取り組むのか、それが卸売市場全体に還元されることはないのか、あればその実行による全体のレベルアップ、などに取り組むことにより、経営戦略（展望）が効果を上げるお手伝いをしたいと願っているところである。

国も、つくられた経営展望の実行状況の把握が大切である。

2　地方公営企業としての公設卸売市場

筆者は今、総務省公営企業課管轄の「地方公営企業等経営アドバイザー」を拝命している。地方公営企業は、利益追求を最大目的とせず、住民の生活に資する事業を行うものである。人口減少や高齢化が進む中で、地方公営企業の経営悪化が進み、赤字を公的に補填できればいいが、財政悪化も進むので、存続のための様々な工夫が求められていて、その意味での戦略的発想が必要になっている。

公設卸売市場は地方公営企業の一種として捉えると、地方公営企業の部分は、卸売市場施設の提供と維持管理という開設自治体の部分である。戦略的改革と言っても、実際の卸売市場活動は各市場企業が自立的に行っているもので、その経営活動が卸売市場全体に影響するとは言え、開設自治体は各市

場企業の経営活動にどこまで踏み込めるか、という点の確認が大切であると考える。開設自治体の守備範囲（開設区域等）との関連もあって、例えば都道府県域を超えた広域拠点市場を目指す、そのために他市場の開設区域にも攻め込む等とは、思っていても公言できないのではないだろうか。しかし、各市場企業の活動には、行政の境界線は関係ない。その作戦については、公設卸売市場の方針として公言できるだろうか。

逆に、地方公営企業としての、公立病院や公営交通事業などは、赤字だからと廃止するのは影響が大きいし、住民の関心も高い。公設卸売市場については、その点はどうであろうか。

地方公営企業としてみると、公立病院とか市営バス・地下鉄、等、自ら営業活動を行っているところとは違い、営業活動をしている企業に施設提供をしているというだけの公設卸売市場であるということを念頭に置いたら、行政としてできることには限界がある。これも含めての公設卸売市場のあり方、という根本的検討が必要である。これは、卸売市場関係者一体となっての議論で答えが出るものではなく、政策判断の範疇に入るものかも知れない。

3 第10次方針の経営展望方針は公設卸売市場で可能か

1の筆者の経験を元に、第10次卸売市場整備基本方針で出された経営戦略（展望）の作成について考察する。その骨子を紹介すると、「卸売市場をひとつの経営体として捉え、将来を見据えた卸売市場全体の経営戦略的な視点から、当該卸売市場の将来方向とそのために必要な戦略的で創意工夫ある取組を検討し、迅速な意志決定の下で実行に移す体制を構築する。具体的には、各卸売市場においては、開設者及び市場関係業者が一体となって、当該卸売市場が置かれている状況について客観的な評価を行った上で、それぞれの卸売市場のあり方・位置づけ・役割、機能強化の方向、将来の需要・供給予測を踏まえた市場施設の考え方、コスト管理も含めた市場運営の方針等を明確にした経営展望（以下単に「経営展望」という。）の策定等により、卸売市

場としての経営戦略を確立する。……」

とある。

筆者がこれまでこの種の経営方針作成に関わった経験から言うと、この骨子のなかで、「卸売市場をひとつの経営体として捉え、……迅速な意志決定の下で実行に移す体制を構築する。……開設者及び市場関係業者が一体となって……経営展望（以下単に「経営展望」という。）の策定等により、卸売市場としての経営戦略を確立する。……」下線を引いた部分に特に違和感を感じる。

(1)「卸売市場をひとつの経営体として捉え」の問題点

確かに、公設卸売市場は地方公営企業という見方からすれば、ひとつの経営体である。しかしながら、一枚岩の経営体だろうか。民設民営卸売市場では、開設者が一般には卸売会社で、しかも1社であることがほとんどである。開設者＝オーナーであり、経営者である。仲卸も開設者すなわち卸売会社が認可するので、ある意味で生殺奪与の権限を持っている。

公設卸売市場においては、中央卸売市場は国、地方卸売市場は都道府県知事の認可、仲卸は開設自治体の認可であるが、いったん入場した企業は、自身で撤退する以外は、開設自治体によほどの理由がないと退場させる権限はない。セリ時間の設定その他で統一的な取り決めはあるが、それぞれの市場企業が独立してバラバラに営業しており、他の干渉はない。卸売市場の経営戦略は企業ごとに決めており、それを他に漏らすことも普通はない。ひとつの経営体というのは無理がある。

(2)「迅速な意志決定の下で実行に移す体制の構築」

迅速な意志決定は誰がするのか。というより、公設卸売市場で誰ができるのか。市場長か、市場協会会長か。そのような指揮命令系統はあるのか。あるのは元々の民設民営卸売市場の開設者である卸売会社社長だけである。公設卸売市場にはそのようなものは存在しない。

第7章　戦略レベルの経営戦略（展望）作成のポイント　*91*

　迅速な意志決定すら怪しい。公設卸売市場では、市場企業がたくさんあって、お互いに対等である。総論賛成各論反対でなかなかまとまらないのが普通である。まとめ役として開設自治体がいると思うせいか、一体感を持つという気持も少ないように思える。また、経営戦略は各市場企業が持っていても、それは社外秘密。それを公開しても羅列になるだけで卸売市場全体でまとめると言うことにはならない。むしろ、多数の市場企業が各自の判断であちこちを向いているのが、多方面への営業活動に繋がるよさがある。隙間ふさぎにもなる。

　民設民営卸売市場では、開設者である卸売会社の司令一下、槍先をそろえての攻撃が戦闘力を発揮する。公設卸売市場では、槍先はバラバラだが多方面を対象にできるというお互いの特徴がある。この違いを公設卸売市場は大事にした方がよい。

　「迅速な意志決定の下で実行に移す体制の構築」というのは、民設民営卸売市場や単独企業にあてはまる言い方である。

　「卸売市場としての経営戦略」という表現も、上記考察にあるとおり、各市場企業の積極的経営という意味での「戦略」（卸売市場内でバラバラであるのが当然）と、公設卸売市場としての限界を念頭に置いて、「戦略」と「方針」とをしっかり区別する必要がある。開設自治体は、行政として、開設区域の外部への進出というような、本来の意味での「戦略」を考えるのは適当ではなく、担当区域の住民に対して卸売市場が果たす機能強化という視点が大切であり、それをベースとした「方針」という姿勢が正しいあり方と思料する。もし、市場企業の活動でそれを大幅に超える機能になった場合は、開設主体自体の変更を検討するべきである。

(3)　卸売市場の将来を語る意味はある

　では、まったく的外れかというと、そういうことではない。骨子の「当該卸売市場が置かれている状況について客観的な評価を行った上で、それぞれの卸売市場のあり方・位置づけ・役割、機能強化の方向、将来の需要・供給

予測を踏まえた市場施設の考え方、コスト管理も含めた市場運営の方針等を明確にした経営展望（以下単に「経営展望」という。）の策定等により、卸売市場としての経営戦略を確立する。……」という部分は、これこそ卸売市場の関係者みんなが合意をしなければならない、重要なことである。市場企業の要望を聞いて、できるだけ反映するという姿勢が基本であるが、全体状況を説明して変更を理解してもらうということも大切である。「卸売市場のあり方・位置づけ・役割機能強化の方向」については、客観的な状況について「敵を知り己を知る」中で、納得いく方向性を出すこと。「将来の需要・供給予測を踏まえた市場施設の考え方」については、残念ながら人口減と高齢化という現実をどう踏まえるか、という議論が必要。市場施設は、作ってしばらくして過剰施設になるのでは困るので、行政側がブレーキをかける必要もある。使用料負担、市場会計、等の運営費用と市場企業負担について、隠さず、徹底的議論をする必要がある。その意味で、単なる「御用聞き」的会議であってはならない。「コスト管理も含めた市場運営の方針」については、開設運営体制のあり方を行政側が正面から提起する必要がある。

　農業競争力強化プログラムが今後具体化される中で、これらについてなんらかの方針がでる可能性も高いが、各公設卸売市場においてはそれを待つことなく、「ここまで事態は急迫している」という緊張感を持ちながら、それこそ卸売市場一体となって合意することが大切で、上から言われたからという消極的意識では、前向きの卸売市場改革はできない。

4　実行されていない経営展望—理由は二つのジッコウセイの不足—

　「私の調べでは、第9次卸売市場整備基本方針に基づいて作成された経営展望で、実行に移されているのはほとんどないですね。」ある中央卸売市場長が筆者に語った言葉である。その理由は、公設卸売市場においては、二つのジッコウセイ、つまり、実効性と実行性が足りないからである。

第7章 戦略レベルの経営戦略（展望）作成のポイント　*93*

(1) 経営戦略（作戦計画）の実効性とは

　実効性とは、つくった経営戦略が本当にその卸売市場の機能強化に効果があるかということである。経営戦略をつくっても内容が役に立たなければ、タダの紙切れで何の役にも立たない。そういう意味での実効性である。経営戦略が優れた内容で、実行すれば効果があるのに実行できないというのは実行性の問題で、それは次項で述べる。

　卸売市場機能の強化としてよく挙げられる項目は、取扱量の回復・拡大、集荷・販売力の強化、市場企業の経営力の強化、市場会計の健全化、地場集荷の拡大、市場間連携、市場開放、などであろう。各卸売市場の状況により、他にもあるかもしれないが。

　これらはもっともな項目であるが、それが実効性を持つということは、それら項目を実現するための具体的な作戦計画の内容が入っているということである。抽象論だけでは、「絵に描いた餅」になる。そのような段階で留まっている報告書が、過去に多かったと考える。

　国が言うSWOT分析は、一般論的な項目は拾えるかも知れないが、それをどうするか、という具体的作戦までは出てこない。それを示さなければ、卸売市場の活性化に実際に効果あるやり方はできない。

(2) 実行性とは何か

　もうひとつの実行性は、例え全員合意の実効性ある経営展望ができたとして、それを実行するのは誰が主導すれば出来るか、ということである。それは公設卸売市場においては開設自治体が提起するしかないだろう。検討会議の司会は、業界代表でも学識経験者でもよい。資料を用意して説明するのは開設自治体である。

　施設老朽化による建て替え、定低温施設の建設、などは総論賛成になりやすいので実行できるであろう。問題は、戦略的方針の部分である。例えば、ある県の中核という位置づけは達成していても、隣接県からの攻勢が係って

94

いることにどう対処するべきか、などは戦略的内容であるが、なかなかまとまりにくい。各市場企業がバラバラで対応しても、力不足である場合は、卸売市場全体として当たる作戦が必要になる。この立案は実効性の部分である。それが立案できたとして、その実行は、行政の役割ではなく、市場企業の分野なので、司令塔はどうするか。公設卸売市場ではこれが問題である。

　第9章「公設卸売市場の将来と民設民営卸売市場」で、公設卸売市場の運営形態の企業化というところで、市場運営会社方式を提案している。不十分ながら、これが筆者の考えた回答のひとつである。詳細は第9章を見ていただきたいが、市場企業が出資した運営会社を作り、その社長が司令塔になって、具体的作戦を指揮するという方式である。作戦補助者として企画担当の職員を確保することも入れてある。具体的には、第11章「寸言録」に入れてある、「陣地戦を仕掛ける」ということで、その対象の情報、誰がどこを担当するか、などを市場企業全員で話し合って分担を決める。

　まだ提案段階だが、このようなことができれば、公設卸売市場という形態のままでも企業化が可能で、市場企業の自立性が高まり、卸売市場の自主的運営能力も向上する。開設自治体は行政としての本来の仕事に専念する。

　このような方式を考えて提案したところである。なお、この方式は全ての公設卸売市場でできるわけではない。卸売市場によって非常に異なる。それを具体的によく分析して、その卸売市場に合った企業化の方法を見つけなければならない。患者を診察しないと正確な診断を下せない医師と同じである。このような分析を行って初めて、本当に戦略と言える方針が出てくるが、それは、市場企業が開設自治体から自立していく道でもある。

5　戦略と展望の違い

　第10次卸売市場整備基本方針で出てくる「経営戦略」と「経営展望」という言葉の使い方について、筆者は少々引っかかる点がある。

　戦略と展望の違いは、いくつかの辞書の表現を総合すると、「戦略」とは、

第7章　戦略レベルの経営戦略（展望）作成のポイント　95

①戦いに勝つための総合的な計画や方法、戦術より広範な作戦計画。②戦さに限らず、目的を達成するための総合的な計画や方法、「展望」とは、①はるか遠くまで見通すこと、②社会の動きなどを広く見渡すこと、となっている。つまり、卸売市場に照らせば、展望はやや客観的に分析するというニュアンスであるのに対して、戦略というのは、戦争で言えば敵に勝つ大きな視野での作戦、卸売市場でいえば活性化・機能強化という目的を達成するための総合的な計画や方法の作成、ということになる。

　今日、卸売市場は全般としては卸売市場経由率の低下傾向や取扱規模低下、経営悪化傾向が見られる中で、激しい市場間競争、市場外との競争に晒されて格差が広がっている。マーケットのパイも狭くなっており、マーケットの争奪戦が生死を分ける状況となっている。その意味では、今、必要なのは、まさに、戦略の①の戦いに勝つための作戦の立案と実行である。縮小局面だから、他からマーケットを取らないと経営規模は維持できない、というくらいの気持でなければ、退潮傾向を止めることはできない。その作戦を第10次方針で「経営展望の作成等により……」としているのは言葉の使い方としてあいまいだと感じる。第10次方針により作成されるべきは、「競争に勝つ作戦計画」でなければならない。展望という用語からは、その積極性が伝わって来ない。言葉尻はともかく、そのような気持ちで作戦計画をつくっていただきたい。

　そして、具体的には、前述したように、二つのジッコウセイ、実効性と実行性を肝に銘じて実現の努力をする、という姿勢が大切である。

　民設民営卸売市場については、元々、卸売市場整備基本方針は対象にしていなかったかも知れないが、企業として、毎年の念頭でしっかりした戦略を描き、それをすみやかに実行する部隊を持っているからこそ、売上げを維持し、存在感を強めている。公設卸売市場は、国が言わなければ経営戦略（展望）は考えないということはないはずで、公設卸売市場の制約が大きいために、切り込んだ戦略の立案と、その実行が思うように行かないのだ、ということは理解しなければならない。卸売市場整備基本方針は、このあたりをよ

く理解した上で、政策を決めることを希望する。

　なお、公設卸売市場において指定管理者制度の導入が進められているが、筆者の考えでは、指定管理者が作戦計画実行の司令塔の任に当たることには無理がある。それは、指定管理者は公設卸売市場において、あくまで開設自治体の委託を受けた業務を行うという立場が任であって、卸売市場全体のリーダーという位置づけではないからである。市場企業からは、開設者の一員とは見られず、下請けとして低く見られている傾向が強い。本当に強さを求めるなら、力量ある企業（卸売市場関係とは限らない）が公設卸売市場をそっくり買収して、市場企業の生殺奪与の権限を握り、独裁的に次々と指令を出して企業化していく、という方向しかない。しかしそれは行政にできることではないだろう。

6　競争の中から道は開ける

　本当の実効性は、具体的な攻略目標を立てて、卸売市場の取引相手として取り込む作戦を具体的に明示して行動することである。戦争ではそれがまさに作戦である。その相手は、出荷者であり、川下側需要者である。具体的実行者は個々の市場企業であるが、それを卸売市場全体として企画し、分担して作戦実行に当たる、というまとめがあれば実効性、実行性はある。それのまとめ役は、民設民営卸売市場では開設者オーナーの采配一振りでできるだろうが、公設卸売市場ではその役は、本来ライバルでもある市場企業の連合体でしかない。競争しつつも、卸売市場全体の立場では協力し合う関係を作る。これができれば見通しができる。

　つまり、利害の対立を超えて卸売市場全体として一丸となる意識の醸成が大切である。筆者はこれについてはこう考える。卸売市場内では市場企業どうしは大いに競争し、戦って欲しい。それが引いてはその卸売市場の発展につながる。変に仲良しクラブでいると、全体としては衰退し、他市場、市場外に敗北する（第11章「寸言録」参照）。

第7章　戦略レベルの経営戦略（展望）作成のポイント　　*97*

　筆者はよく浅草仲見世をたとえ話として披露する。雷門を除くといつも客で賑わい、同じものを売っている店が何店舗も並んでいる。お互いに激しい競争はあるはずなのに、全体として浅草仲見世の活気をかもしだしている。卸売市場全体と個々の店舗の関係はこういうものだ、と。

　その卸売市場内での激しい競争は、朝、卸売市場を見まわると熱気として伝わってくる。活き活きした活発な印象を与える。その全体印象がその卸売市場の全体戦略につながる。

　なお、これまで策定された経営戦略（展望）について、関連事業者については、あまり触れられていない場合が多い。多くの公設卸売市場において関連事業者の空き店舗が目立ち、卸売市場の印象を悪くしている。これをどうするか、という方策はあまり有効なプランは出ていないように思う。

　多くの関連事業者の救済には、来場者が減っていることの対策が必要であるが、それに触れた報告書も少ないように思う。来場者が少なくなったことは、特に外部にセールスできない食堂に大きな影響があり、現に多くの卸売市場で食堂数が大きく減少し、空き店舗となって、それが外観上の卸売市場の寂れにつながっている。卸売市場の来場者の賑わいを取り戻すということが市場開放につながっているとすると、これも時代の変化というならば、卸売市場に対する考え方そのものも根本から考えなくてはならない。こういう点にも切り込めるかどうか。新しい卸売市場像の追求が必要である（第8章「卸売市場の多機能化と多様化—発想の拡大と転換—」参照）。

第8章

卸売市場の多機能化と多様化
―発想の拡大と転換―

【主題】

○中央卸売市場法に続く卸売市場法でも、卸売市場機能は集荷と販売ということしか規定はなかった。

○卸売市場の市場企業各社の経営が厳しくなるにつれ、卸売業務に関連する機能を拡大する多機能化と、本来は卸売市場で行う業務からはみ出した分野まで手を出す多様化ということが注目されるようになってきた。

○本来の卸売市場機能を実施してさえいれば、多少の多機能化、多様化は、生き残りのために容認されるという考えが、地方卸売市場に広がっている。中央卸売市場ではまだ、そのあたりは窮屈な点がある。制度として、どこまで拡大できるのか。これからの卸売市場像の一つのあり方として、参考にしていただきたい。→農業競争力強化プログラムでどのように緩和されるだろうか。

1　収入源を求めて

わが国の卸売市場は、今、大きな転換点に直面している。よほど大型の卸売会社は別として、通常規模の卸売会社は以前に比べて経営に余裕がなくなってきているのではないだろうか。1991（平成3）年のバブル崩壊以降、青果や水産は右肩下がりで取扱減少が続いた卸売会社が多く、経営の縮小を余

儀なくされてきた。その分、営業費用を平行して削減できれば、規模はともかく、赤字になることはないはずであるが、営業費用の圧縮は簡単ではない。特に営業費用で多くを占める人件費は、給与の切り下げ、退職者不補充などによる定数減などで対応している社が多いと推察される。

しかしこのような対策も限界がある。給与の切り下げは社員の労働意欲をそぐし、生活維持のためにはそもそも絶対的な限界値があり、優秀な社員から去って行くことになる。また、定数減も、やりすぎれば規模縮小で卸売会社の存立そのものに関わってくる。

そこで考えられるのは、卸売業務の本業の改革で生み出した人材の活用で利益を生むという発想である。これを筆者は、市場企業の多機能化と名付けている。市場企業の多機能化は、卸売市場の本来の業務からずれるとして批判する向きもあるが、市場企業存続のためには「背に腹はかえられない」という面もあるし、これからの市場企業のあり方としてもっと前向きに考えるチャンスという面もあると思う。今回は、市場企業及び市場企業が入場する卸売市場の多機能化と多様化という視点での考察をしたい。

2　多機能化のイメージ

多機能化とは、卸売市場のなかで、本業と密接な関連がある機能としてより拡大した機能を持つ、作り出すということで、例えば、スーパー向けの仕分け、パック加工、より高度の加工、物流センター機能などが挙げられる。これらの機能は、卸売市場の基幹的機能ではないので、公設卸売市場にあっては補助金対象とはならず、市場企業がつくるものとなる。低温保管施設など，時代の変化で今では基幹機能に近くなっているものもある。水産のSF級冷凍冷蔵庫も基幹機能であるが、多額の資金を要することから、財政が逼迫している開設自治体では、利用者設置とするケースが増えている。

数十年前に建設した卸売市場では、建設当時はそのような多機能施設は想定していなかったので、後で作ろうとしても場所がない場合が多く、空いた

場所につくるので作業性が悪いことが多い。新設する場合は、多機能施設を合理的かつ十分な余裕を持って設計するべきであるが、その分、広い面積を要することになる。作業性がよい多機能施設を備えることは、市場間競争に勝つために重要な条件となる。2016（平成28）年2月に新設開場した福岡市中央卸売市場青果市場は、更地に新設したものだが、定低温機能の充実など施設配置が最新の考えでされており、従来の卸売市場のイメージを一変している。できれば更地に最新の設計思想でつくることが望ましいという好例である。

施設を要しない多機能化としては、小売等に商品を売り込むセールス部隊、産地と共同での商品開発などの部門の設置というのが考えられる。小売支援（リテールサポート）による販促は、食品の他企業も行っているところであり、卸売市場でも行われてよいと考える。某青果卸売会社は、数名の企画部門を持って、全員女性で構成され、レシピや販促キャッチフレーズなどを考えて実演することを行っている。野菜、果物や牛乳などを材料としたスムージーの実演などは、やりやすいし、わかりやすく、試飲させても好評をとりやすく、効果が期待できる。小売店頭まで行かないでも、卸売場で実演して仲卸や小売に頭に入れてもらい、小売店主自身が店頭で実演して販促することを教える考え方もある。こういうスタッフを確保することが多機能化ということになる。今の取引はセリから相対取引にシフトしているので、早朝に多人数の社員を貼り付けるのではなく、より営業成績を上げられる昼間の部隊の増強というのが、経営のひとつのポイントと考える。

3　多様化とは

多様化というのは、筆者の用語の使い方としては、本業と関係ない事業で収益を挙げるやり方である。例えば、不動産業がある。まだ景気がよく、会社の内部留保があるときに不動産を確保しておいた賢明な企業は、その賃貸収入が貴重な収入源となっている。不動産収入はふつうは経常利益として計

上するが、不動産業を定款で本業に入れている市場企業もあり、そうすると本業が赤字でも不動産収入で穴埋めして営業利益が黒字と説明でき、産地出荷者へのイメージがよくなるという会社もある。

　小売機能、食堂・レストラン経営、観光対応なども多様化である。民設民営卸売市場では、経営者の考え次第で容易に出来るが、公設卸売市場では、やりにくい面もある。その場合は、多様化の土地の部分は卸売市場用地から外して普通財産化し、それを市場企業が借りて自己資金で設置するという方法がある。

　どんなものを多様化機能とするかは、その地域に合ったものを探すことになるが、それこそ経営者の才覚である。

　それに向いた立地であることが条件であるが、このような機能は、卸売市場への来場者を増やす効果がある。一般小売商の減少で、取扱規模はあるのに来場者が激減して、人の賑わいが消えてしまっている卸売市場は多い。人の賑わいを取り戻すことができれば、卸売市場に活気を取り戻す契機になると期待される。

　せっかくの広い敷地と駐車能力をもっている卸売市場である。来場者が減って駐車場がスカスカになっているのを放置するのはもったいない。

　小売機能としては、東京・築地市場の場外市場がよく取り上げられる。ここは、1935（昭和10）年に開場した築地市場とは直接の関係はなく、その周辺に自然発生的に店舗が集まって発展してきた場所である。ある意味でごちゃごちゃした雰囲気があり、それが消費者にとって親しみと専門性を感じさせる要素にもなっている。東京都中央区が開発に関わっていて、店舗建物の老朽化、火災などの災害対応などをしながら、築地市場が移転した後も、長く賑わいが続くものと思われる。このような、消費者のよりどころになるような機能は、これまで卸売市場としては否定されてきた。これは卸売市場は卸売行為をするところで、小売機能は御法度という考えからである。公設卸売市場など、国の補助金が入っている場合はなおさらで、卸売市場機能以外は「目的外使用」として税金の使い道として外れているということで、規制

されてきた。

　その考え方もわかるが、今のように卸売市場がある意味で後退してくると、考え方を広げるべきだというのは妥当だと考える。公設卸売市場の開設自治体のなかには、目的外使用はできない、するべきではない、ということがすり込まれている人が今でも多いように思う。これで卸売市場が維持できればそれでもいいが、時代は転換期に来ているのではないか。

4　多様化の概念の卸売市場

　最近、取扱規模の縮小による収入減に対応して、多様化と言えば言えるが、縮小に見合った面積分をまとまった土地として確保し、そこを卸売市場から切り離して卸売市場に関係ない企業等に貸し付ける卸売市場が出てきた。例えば、東京都の東久留米水産地方卸売市場（民設民営）は、敷地の半分をケーズデンキに貸し、ケーズデンキ側の敷地の1階は卸売市場利用者と共同利用の駐車場とし、その上に店舗を作っている。残した半分の土地で、水産の卸売市場と小売市場を設置し、運営している。これにより、卸売市場の経営安定に役立っている。

　敷地の3分の1ほどを、近くにある温泉客用の観光バスの誘致をして、観光客用の買い物と食事の施設の建設を計画している卸売市場もある。また、神奈川県藤沢地方卸売市場のように、卸売市場よりも広い面積の物流センター機能をつくって、食品卸企業に貸し、経営安定に資するやり方をしている卸売市場もある。

　東京都の府中大東京総合卸売センターは、水産地方卸売市場でありながら、100コマの小売店舗が入場して、面積的には小売エリアの方が卸売市場エリアよりもかなり広いという卸売市場もある。いずれも、卸売市場の維持・存続のための安定的収入源の確保がねらいである。

　多様化という概念を超えているかも知れないが、卸売市場機能の維持のために、立地条件を活かした柔軟な発想といえる。

5 開設者と市場企業による多機能化の違い

　民設民営卸売市場で開設者＝卸売会社である場合以外は、とくに公設公営
卸売市場においては、市場企業が多機能化をしようと思っても、やりやすい
場合とやりにくい場合がある。やりやすいのは、個々の市場企業内部の決定・
努力だけでできる多機能化である。例えば、不動産業は卸売市場には影響が
なく、開設者の関わりもない。公設卸売市場では兼業業務の届け出は必要か
も知れないが、それだけである。

　同じように、市場企業の内部の組織を作るだけでできる多機能化は、開設
者に関係がなく、やりやすい。例えば前述の販促のための企画部門などであ
る。これはどこからも文句を言われる筋はない。

　しかし、市場企業の企画が卸売市場の土地、施設をいじらなければならな
いとなると、開設者の関わりが出てくるし、市場企業他社の了解も必要とな
ってくる。その手間が、民設民営卸売市場と違うのである。この差は、即決
即断ができるかどうかで、競争力の差にもなってくる。

　開設者や他社の関わりが出てくる多機能化として、青果物の軽加工・パッ
ク袋詰め、カット野菜工場の設置、流通センター機能の設置、などがある。
これらは、個々の市場企業が使っている部分において行う分にはまだやりや
すいが、新しく土地や施設を使うとなると、開設者、他の市場企業の了解が
必要になり、面倒を増す。

　また、個々の市場企業が行う多機能化ということではなく、その卸売市場
全体として取り組むスケールの多機能化に、前述の民設民営卸売市場ではオ
ーナー企業の即決でできた、小売機能、観光機能の設置、などがある。この
推進には多くの労力を要する。

　また、卸売市場の規模が縮小し、広い土地が有効活用されずに余っている
ような場合に、半分にきれいに割れるなど地形や道路の取り付けがよければ、
余った部分を他企業に貸して、その賃借料を卸売市場維持の運営資金とする

手法も可能であるし、最近、いくつかの例が出てきている。大型電気製品小売チェーン店の設置という例が多い。これも全体の意志の統一に大きな労力が必要であるし、公設卸売市場では、公有の土地の処理については、議会同意も必要なので、ハードルは高い。敷地を量販店などに貸して店舗としている例は、民設民営卸売市場にはあるが、公設卸売市場では筆者はまだ聞かない。この企画でスポンサーを探している卸売市場はあるが、まだ実現していない。

第9章

公設卸売市場の将来と民設民営卸売市場

【主題】

○公設卸売市場の関係者には、公設卸売市場がこのまま長く続くと考えていて、本書の指摘にとまどいがある部分もあると思うが、長期的視野の話として考えていただきたい。

○わが国の卸売市場制度は、中央卸売市場法以来、中央卸売市場など公設卸売市場を中心として組み立てられてきて、それなりに安定してきていた。しかし、大きい方向で見れば、公設公営卸売市場は存立基盤の弱体化が進んでいる。それが、規制改革推進会議提言と農業競争力強化プログラムで一気に加速される可能性がある。

○大きな理由は二つある。①自治体財政の悪化、②市場間格差の拡大による公設卸売市場の意義の希薄化。

○大型公設卸売市場はすぐに弱体化、廃止ということはない可能性が高いが、卸売市場によって異なる。市場会計が行き詰まれば、そのままでは済まなくなる。将来を考えるべき。すでにPFI化や指定管理者制度導入を検討しているところも出てきている。

○中規模以下の公設卸売市場では、行政が退く方向としての開設運営体制の変更、公設卸売市場体制下での企業化、公設卸売市場の民営化などが進行している。

○第3章で述べた、規制改革推進会議提言にある表現は、卸売市場の公的役割の否定ともとれ、それは公設卸売市場の否定⇒民営化論につながる要素があると考える。農業競争力強化プログラムに基づく法整備

がどうなるか、注目される。

○本章で、公設卸売市場の多くが、企業化、民営化を迫られると述べているが、その具体的手法について研究する必要がある。本章では、これに関する筆者の現時点での考えが述べられているが、なお今後、充実すべきものである。

○公設卸売市場を民営化しても、元々の民設民営卸売市場とは、同じにはならないということに留意する必要がある。

○重要なことは、単独の卸売市場での改革、活性化は限界があるということである。単独の卸売市場を対象にした第10次卸売市場整備基本方針の経営展望作成というのは、効果が限定的である。広域調整・連携・連合という考え方での全体としての役割の明確化が、卸売市場全体として生きる道だと提案したい。その前提は、公設と民設の総合化であり、公設卸売市場だけでなく、第三セクター、公設から民営化した卸売市場、元々の民設民営卸売市場など、あらゆる開設運営形態の卸売市場の総合的視野が大切である。

○部類ごとの公設卸売市場のあり方も問題である。比較的施設・設備が軽微で済む青果部や花き部は開設形態の変更がやりやすいが、大きな施設・設備を要する水産物部は、市場企業の自己資金での機能維持に難しさがある。農業競争力強化プログラムでも、漁業、水産卸売市場については言及していない。わが国漁業振興に大きな役割がある水産卸売市場のあり方について、検討が必要である。

1 規制改革推進会議提言に見られる公設卸売市場への考え方

2016（平成28）年10月6日に出た規制改革推進会議提言のなかの、「卸売市場については、食料不足時代の公平分配機能の必要性が小さくなっており、種々のタイプが存在する物流拠点の一つとなっている。現在の食料需給・消

第9章　公設卸売市場の将来と民設民営卸売市場　*107*

費の実態等を踏まえて、より自由かつ最適に業務を行えるようにする観点か
ら、抜本的に見直し、卸売市場法という特別の法制度に基づく時代遅れの規
制は廃止する。」との言い方は、公設卸売市場制度が出来た中央卸売市場法
制定のいきさつからすると、公平公正を基調とした公設卸売市場の役割は終
わった、と引導を渡されているとも取れる。いろいろある生鮮品流通形態の
ワン・オブ・ゼム（たくさんあるなかのひとつ）といわれている表現である。
提言のこの部分は、最終的には農業競争力強化プログラムには載せられてい
ないが、国の考え方の底流に流れるものとして捉える必要がある。

　農業競争力強化プログラムの具体化はこれからであるが、どのような制度
となっていくのか、幅があり、筆者も正確にはまだわからない。国の中では、
卸売市場についての形式論ということではなく、流通構造全体を見渡す中で
の現段階での卸売市場の機能のあるべき姿を考察し、現行制度の見直しをし
ているものと推察する。それは筆者も同じ思いである。

　中央卸売市場法体制以来の長い間に亘る公設卸売市場、とりわけ中央卸売
市場の全国展開によって、わが国の卸売市場が安定的に役割を果たしてきた
ことは確かである。中央卸売市場をはじめとして、公設卸売市場は、行政が
しっかり作ってきて基板強固なシステムとなっているので、そう簡単には民
営化はできない。

　これまで、民営化された公設卸売市場はまだ数少ない。これから民営化が
予定されているのを含めても、卸売会社が撤退して代わりが確保できない場
合や、取扱い低迷で使用料無料という条件で民営化する場合が多い。中には、
民営化による経営自由度の拡大による競争力の増強に期待しての民営化例も
あるが、後述するように、公設卸売市場時代の体制（仲卸などの数など）を
全て移行させての民営化は、威力を十分に発揮できない状態から脱却できて
いないのが現状である。筆者が関わっている卸売市場だけに残念であるが、
なんとかしたいと考えているところである。このような経験が、筆者が公設
卸売市場の民営化についての論を深めることとなった。

　そうしているうちにも、これまでのような完全な公設公営制（開設自治体

事務所があって結構な人数の公務員がいる）から、PFIとか、指定管理者制
度の導入など、市場管理運営体制の変更の動きは続いている。原稿を書いて
いる最中の、2016（平成28）年12月初旬にも、「東京都中央卸売市場の民営
化検討」というニュースが流れてきた。読むと、「PFI方式で民間資金とノ
ウハウを生かした公共施設の運営をプロジェクトが検討している段階」とい
うことだし、検討していることは事実のようである。東京都中央卸売市場の
PFI化は、かつて検討されたことがあるが、見送られた経緯がある。今回も、
まだどうなるとも言えないと思うが、企業が関心を示しているという情報も
含めて、真偽取り混ぜてこのような情報が流れるほど、公設卸売市場の市場
管理運営体制には関心が高まっている。

2　開設運営体制の企業化と民営化の流れ

　表6に示したように、中央卸売市場数は2010（平成22）年以降、急速に数
を減らしている。第10次方針で、中央卸売市場の強制的地方化は事実上止ま
ったが、自主的地方化は今後も続くと考えられる。

表6　卸売市場数の変化

	中央卸売市場	公設地方市場数	民設地方市場数	取扱額（億円）	取扱額年度
1990	88 市場 56 都市	154	1,498	111,130	1988
2000	87 市場 56 都市	158	1,289	106,263	1998
2010	74 市場 46 都市	156	1,029	73,161	2009
2016	64 市場 40 都市	157	935	70,439	2014

出典：農林水産省「卸売市場データ集」より。

3　公設卸売市場の将来不透明化の理由

　公設卸売市場を運営している自治体のなかで、市場会計の赤字に苦しみ、
老朽化した施設の建て替えに資金不足と使用料値上げが困難ということの板
挟みで苦しみ、取扱は減って衰退モードとなっている。卸売市場場の存在意

第9章　公設卸売市場の将来と民設民営卸売市場　*109*

義の説明に苦慮し、本音では卸売市場から手を引きたい、とこっそり語るところも少なくない。

一方で、全国の有力民設民営卸売市場では、バブル崩壊後も取扱規模は減少せず、総体的に存在感を高めているところが多い。しかし民設民営卸売市場には、企業に対する支援は出来ないという理由で施設整備の補助金はほとんど出ないし、卸売市場資産の固定資産税の支払いに苦慮している。

本章の冒頭で引用した部分は、11月29日に提言を修正して出来た農業競争力強化プログラムでは消えた表現であるが、客観的背景からしても、公設卸売市場の将来については、国も自治体も卸売市場関係者も、真剣に考えなければならない時期に来ている。

公設公営制ゆらぎの背景としては、次のような要因が考えられる。①自治体財政難と市場会計の赤字、②取扱規模の縮小による公設制の意義の縮小、③流通圏広域化による自治体守備範囲との矛盾、④卸売会社の他市場卸売会社との企業統合によるグローバル化、⑤卸売市場の経営基盤強化についての行政の無力化、などが挙げられる。

(1) 自治体財政の悪化

人口の減少は、今日、ほとんどの自治体で起きている。死亡者数が誕生者数を上回ることによる自然減と、地方から都市への人口移動などによる社会的減の両方が進行している。今は人口が増えている東京都も、奇しくも東京オリンピックの年である2020（平成32）年にピーク（1,335万人）を迎え、その後減少に転じ、ピークから30年後の2050（平成62）年には1,175万人と、12％減少する予測となっている。

さらに高齢化の進行で、働く人が減り、年金生活者が増えていることが税収減の原因になるだけでなく、福祉関係費用の増大にも繋がっている。国の財政も、国債の発行による予算費捻出が止まらず、国家の負債の増加が続き、それは毎年の償還費用の増大を招くことになる。一方、国財政も逼迫の方向にある。そのため、年金を減額するなどの深刻な事態になりつつある。

こうした人口減と高齢化は、地方税の税収減の原因になるだけでなく、福祉関係費用の増加、赤字を起債で穴埋めすることによる償還費の増大、などにより、地方自治体の財政悪化に直面している。このため、公設卸売市場に使える財源も縮小せざるを得ない事態となっている。

多くの公設卸売市場で、開設者事務所の職員数の削減、指定管理者制度の導入による卸売市場運営費の削減、などを進めている。

数十年前の開設時の施設をほとんど更新していない場合は、卸売市場会計も黒字である場合が多いが、その場合は施設老朽化と社会的陳腐化で他市場との市場間競争で不利になっていて、卸売市場が衰退化する恐れが高い。こうなった公設卸売市場で財政が厳しいところでは、市場企業に無料で施設を使わせることとし、自治体は卸売市場運営から撤退して、民営化するという例が出ている。

施設老朽化により、近年、施設を全面的に建て替えた公設卸売市場では、数十年前の建設コストが数倍に上がっていて、同じ規模の施設を建設した場合には事業費が数倍となる。それをすべて使用料の計算に入れると、使用料も数倍に上がることになる。卸売市場の取扱規模は、1991（平成3）年のバブル崩壊を機に、年々減少傾向にあり、近年は下がり方が小さくなって来ている市場が多いとはいえ、ピークから見ると3〜5割の減少は普通という状態である。

当然、市場企業の経営内容も厳しく、使用料値上げを吸収できる余裕は少ない。使用料値上げには抵抗されるので、必要な値上げ幅から相当程度後退した値上げしか出来ないことになる。すると、その差額は自治体が埋めなければならず、それは一般会計からの繰り入れなどに繋がり、それでなくても厳しい自治体財政に、さらに追い打ちをかけることになっている。建設費のうち、国等からの補助金を除いた残りは起債、つまり国からの借金で、これも30年間は毎年返さなくてはならず、使用料減額分の繰り入れとの合計で数億円を公設卸売市場に使わなければならない開設自治体も多い。

人口減はこれからも続くので、卸売市場自体の取扱規模減少は基本的には

第9章　公設卸売市場の将来と民設民営卸売市場　　*111*

これからも続くと考えられ、それは市場企業の経営規模縮小にもつながり、使用料を払えなくなって施設の借り入れ返上という行動になり、その分、また開設自治体の財政圧迫になる、という悪循環が止まる見通しはない。

　複数の市場を持つ開設自治体では、特定の卸売市場新設に際して、予想外の巨額の費用を要し、そのために市場会計が枯渇して、その後の他市場の施設整備の費用捻出に困難を来すということも考えられる。そうすると、老朽化した卸売市場の建て替えが出来なくなり、公設卸売市場制度を維持することが困難となる。

　このように、自治体財政の悪化は、公設卸売市場維持の最大の不安定要因である。

(2)　公設卸売市場における開設者の役割の変化

　公設卸売市場における開設者の役割はいうまでもなく、①卸売市場施設の提供と維持、②市場全体のまとめ役、③業務面での行政固有業務への対応、などである。このうち、①と②は開設自治体の役割として明確であるが、③については、今度の農業競争力強化プログラムで想定される規制の廃止に、第三者販売、直荷引き、商物分離などの自由化が入ると、業務面での取引の監視指導という役割はほとんどなくなってしまうことになる。残るのは管理部門だけとなると、指定管理者制度やPFIなどが本格的に議論される可能性が高い。

　その先は、公設卸売市場という看板は維持するが、実質的に企業化が進められることになり、さらにその先には、民営化という順番は容易に見えてくる。

　卸売市場を公設卸売市場として行政が公金を投入してまで維持しなければならない説明ができるかどうか、である。

　今、公設卸売市場に入場している市場企業は、卸売市場の安定性から、今の体制を望むのは当然であるが、それには、卸売市場の公共性についての理解がないと、開設自治体側もカバーしきれなくなることは、市場企業側も念

頭に置く必要がある。

(3) 開設自治体が無力である分野がある→改革の司令塔になれない

中央卸売市場には国の検査が定期的に入るが、例えば卸売市場法に規定された合法的な商物分離をしていないと指摘された場合、必ず指摘事項となるので、「現実に合わず困る」、「指摘を守ると、他社はやっているので競争にならない。何とかして欲しい」、などと卸売会社から訴えられても、違法は違法だから開設自治体はどうしようもない。しかし、それを日常的にうるさくいうと、他市場に競争上不利になるから、見て見ぬふり、ということになる。地方卸売市場であれば、都道府県の監査であるから、それほど厳しいことは言われないらしいが。委託買付行為なども同じ事情を抱えている。

公平公正原則というのも、板挟みの原因になる。わが国の卸売市場は、昔は一般小売商が中心的な顧客であったが、今はスーパーが全体の過半となっている。この両者は利害が異なっている。昔、「先取り」といっていた時代は、仲卸がスーパー向けの注文品を、しばしば制限を超えて先取りで持って行ってしまい、小売商から猛烈な抗議が開設者事務所に寄せられることがしばしばあった。開設自治体は、スーパーとの取引は取扱規模拡大のために必要だし、卸売会社や仲卸はそれを望んでいるので板挟みになる。それを緩和するために、しばしば卸売市場法の改定が行われたのであるが、経営戦略（展望）の策定においても、各市場企業の利害の衝突は常で、総論賛成各論反対でまとまらない。民設民営卸売市場では、オーナーである卸売会社が単独で頂点にいるので、すばやい経営判断と実行が出来る。この差は大きいが、かといって民営化というのは容易ではない。開設自治体のリーダー力には限界がある。

4　公設公営制から遠ざかる開設・運営形態の多様化

昭和の時代には、公設卸売市場は、開設自治体の事務所があって職員が常

在して管理運営にあたるのがあたりまえだったが、主として自治体財政の悪化と、取引規制緩和などで業務系の仕事量が減ってきたということなどを背景として、開設・運営形態の多様化が始まった。

　平成時代に入ってまもなくの1991（平成3）年のバブル崩壊を機にしたという面が強いので、これを筆者は、「昭和時代との決別」と呼んでいる（第11章「寸言録」参照）。

　国も、2004（平成16）年に指定管理者制度の導入を認め、むしろ奨励するようになってきた。さらに、第三セクター化、PFI化、公有民営化、など開設・運営形態は多様化してきている。ある一線からは公設卸売市場をはずれ、民営化となる。

　一方で、大型中央卸売市場では、行政が常在しないと運営できないと考える開設自治体が多い。また最近は、開設自治体側が指定管理者制度の導入を持ち掛け、市場企業側がそれに反対するという市場もいくつか見られる。

　開設・運営形態は、以下のように多様化してきている。その特徴も含めて解説する。

（1）公設公営

　公設公営は、自治体が開設し、行政固有業務を執行する体制をとっている卸売市場で、必ずしも開設自治体職員が常駐している必要はない。公営のなかに、行政固有業務以外の業務（例えば使用料徴収、施設維持管理など）を委託することも含まれる。公営のあり方でいくつかの種類に分かれる。順番が下にいくほど、公設制の性格が薄まる方向に行くと考えていただきたい。

①完全公設公営制の維持

　　まさに「昭和時代」の卸売市場で、開設自治体の職員が多数いて、卸売市場運営に当たっている卸売市場。大型の中央卸売市場を中心にまだ多い。大型だと仕事も多く、簡単には運営委託が困難という事情もある。行政的におおきな課題を抱えている場合は、行政側にそれなりの体制が

必要になるので、体制変更（職員の引き上げ）にはなかなか踏み切れない。しかし、市場会計の悪化や枯渇という事情があると、否応なく、スリム化が必要となる。それが、PFI方式とか、指定管理者制度導入の検討の動きが見られる背景である。

○指定管理者制度の導入についての解説

　指定管理者の種類が問題で、行政の一般的基準は指定管理者は入札制である。

　そのため、外部企業（当該卸売市場には関係ない企業等）が受注する場合がある。卸売市場の知識がなく、いわれた業務だけを義務的に行う企業だと、管理費の節約にはなるかも知れないが、卸売市場のためにいろいろな取り組みをするという積極性がない懸念がある。開設自治体の関連組織が指定管理者となる場合は、行政の意向が反映しやすいが、いろいろな取り組みを行うかどうかは、その組織次第である。所属卸売市場の市場企業（卸売会社中心）が出資した市場運営会社を作って指定管理者となる方式もある。市場運営会社方式の場合には、いろいろな工夫ができるので、別項として扱う。

②指定管理者制度→行政職員一部残留方式

（行政固有業務を抱える業務部門が残ることが多い）

　指定管理者の種類による若干の違いは、前述したとおりであるが、全体としては、管理部門のリストラによる行政の合理化、という面が強い。管理部門の職員削減により浮いた管理経費（人件費）を元に、使用料を下げることも可能で、指定管理者制度導入の説明（説得）材料として、使用料減額を使うことが多い。

③指定管理者制度の導入→行政職員全員引き上げ方式

　②とあまり変わらないが、②よりも職員数削減が大きく、その分、使

用料減額幅も大きくできる。行政固有業務に関連した市場企業からの届け出業務等を、役所の本庁に設けられた窓口まで持って行くか、本庁に設置された担当職員が巡回してきてやりとりするか、ということになり、卸売市場の現場と行政との接触が希薄になる。使用料徴収や施設の維持管理（修理は専門業者に指定管理者が連絡してやってもらう）などの実務中心になるので、現状維持という性格が強い。

④PFI方式

　企業が公設卸売市場の運営を請け負うもので、企業の力で行政ではできない活性化を期待するとしている。しかし、現実には、他の公共施設ならともかく、卸売市場の運営で工夫により利益を出そうというのは、よほど荒っぽいやり方をしないと不可能と考える。

　公設卸売市場で、現にいる市場企業は開設自治体が認可したものを前提とせざるを得ず、デパ地下の食品店街のように、大家として営業成績で入れ替えるということができなければ、大したメリットはない。しかしそれはほとんど不可能なことである。卸売市場企業化の司令塔になって、儲かる取り組みをどしどし仕掛けていく、というのは、公設卸売市場の体制を維持した状態では、市場企業が許すはずがない。国は、卸売市場の施設整備をするときには、必ずPFI方式を検討して、採用しない場合にはその理由を書くようにという指導をしているが、筆者はPFIは卸売市場に向かないと考えている。少なくとも、その卸売市場の競争力強化の司令塔にはなれない。

⑤卸売会社が市場運営全体を請け負う方式

　この場合は、⑥に述べる市場運営会社方式と同じしくみの部分があるが、その卸売市場に１社しか卸売会社がいない場合のやり方である。やり方、効果等も同じであるが、１社であるから、複数社による出資ということがなく、企画担当の採用などによる企画力、経営力の増強という

のは困難で、単に使用料の免除と施設維持管理を自社で行うことの交換、という意味になる。

　わざわざ指定管理者を別に確保する必要がないので、この方式により開設自治体は職員数の削減ができ、卸売会社にとっては、例えば観光機能の付与（売店、食堂の設置）などによる売上げ増が期待できる。いずれは、使用料無料の条件での民営化に繋げられる。

⑥市場運営会社方式

　公設卸売市場の開設形態を維持しながら、行政は後景に下がって、卸売市場を市場企業が自主的に運営し、戦略的経営をすることが可能な方式として、筆者が某公設卸売市場の改革案の中で提示したものである。基本的には、その卸売市場の全卸売会社およびその他の希望する市場企業が出資する○○卸売市場運営会社を設立し、基本は卸売会社の経営者のどなたかが社長となり、他社は役員となる。その卸売市場の場合には、経営戦略能力を持たせるために、企画担当の職員を採用し、卸売市場に関する情報収集や企画立案に当たらせる。

　開設自治体は全ての職員を引き上げ、本庁に窓口部署と担当をおいて、市場運営会社との連絡に当たる。指定管理者の手続きを経て同業務に当たらせるが、徴収した使用料は開設自治体に納入せず、市場運営会社の収入とする。使用料を下げることも、開設自治体と協議の上、実施できるようにする。開設自治体には使用料が入らない代わりに、施設の維持管理は、一定額以上の高額工事の場合のみ負担することとするが、自治体財政が悪化して負担不能となった場合は、市場企業が対応することを明確にする。市場内業者等の調整を市場運営会社が行って合意を得た場合は、市場内に、小売、観光施設なども設置できるようにする。

　企画担当は、収集した情報を、卸売市場の市場企業全員に情報提供することにより、各企業の経営活動を支援する。また、卸売市場の施設整備や運営の企画立案と実行に対する市場運営会社経営陣への提言を行う。

第9章　公設卸売市場の将来と民設民営卸売市場　*117*

また、将来、建て替えが必要になったとき（20年後を想定）に、自治体財政が逼迫しているときは、市場運営会社が自力で施設整備する手法についての今からの検討、なども担当させる。将来の自力での施設整備を想定すると、市場運営会社に地元金融機関が株主・役員として入ることを要請するのも一案である。

市場運営会社が出す卸売市場改革は、全体で行うものは直接事業とし、各市場企業が各自で行うべき経営方針についても、情報提供、選択肢の提供などを行う。

開設自治体は、その市の方針及び公的役割と法制度に違反するかどうかのチェックと、問題がある場合の指導措置を行うことにより、公設卸売市場の責任を維持する。

これが、筆者が考える公設卸売市場下での企業化のイメージである。市場企業が自立的に卸売市場運営する機能の向上、将来、必要があれば民営卸売市場へのスムーズな移行にも繋がる。指定管理者制度だけではこうはいかない。

また、民営卸売市場への移行は、構成する卸売会社が各部類が合併で1社になり、さらに部類を超えて1社になった段階で、条件は整うことになる。

筆者は、卸売市場の市場企業の合意と協力が得られるなどの条件がそろう場合は、この方式を薦めている。

公設卸売市場はここまでである。公設卸売市場のままで企業化する方式としては、⑤か⑥が望ましい。その場合、市場運営の受け皿組織が、行政固有業務以外は全て引き継いで、使用料無料、一定額以下の施設管理については受け皿組織負担とすることが現実的であり、公的役割について行政の監理の下で卸売市場活性化の司令塔の役割が期待できる。将来、施設老朽化等で建て替えが必要になったときは、その時点での自治体財政の状況も踏まえて、「開設自治体と受け皿組織が誠意を持って協議する」とするのが望ましい。受け皿組織及び市場企業は、内部留保の確保に努める必要がある（※行政固

有業務は、卸売市場法で行政に認可・承認権がある業務。仲卸の許可、売買参加者の承認等）。

同じ受け皿組織で、下記⑧の民営化も考えられるが、その場合は、①行政固有業務は受け皿組織に移る、②施設の維持管理、新設、等はすべて受け皿組織の負担となる、の2点が公設卸売市場のままでの企業化と異なる。また、公設時代の体制を引き継ぐことになる点が、元来の民設民営卸売市場とは異なる。

(2) 半公設

⑦第三セクター

行政と企業の共同出資による卸売市場の開設方式。近年では新規にはあまり見られない。公設卸売市場と異なり、開設者職員が2～3年で代わるということがなく、プロパー職員が管理に当たるので、優秀な職員がいれば、高い専門性が期待できる。また、なにかのときは行政の後ろ盾が期待できる。自治体の財政悪化等で、自治体側に出資に対するためらいが増している。

市場企業の構成は公設卸売市場とほぼ同じで、卸売市場の活性化についての指導権限も、各市場企業に及ばないことも同じである。その意味で、元々の民設民営卸売市場とは異なる。

(3) 民営化

⑧公有民営方式

卸売市場の土地と施設は自治体が所有したままで、入場していた市場企業に、一般には無料で使用を認め、行政は撤退する方式。以後の施設整備は行政は行わない。15年程度の使用貸借契約で行うことが普通である。使用料無料については、施設はずっと無料、土地については猶予期間を置いて、その後は有料というのが多い。契約期間終了後に契約が延長されるという確実性がないことと、施設老朽化で使用できないときが

第9章　公設卸売市場の将来と民設民営卸売市場　　*119*

必ず来るし、来た時がおしまい、というのが不安材料である。将来性が
ないのが、この方式の問題点であるが、これしかないという卸売市場も
多い。当面は、使用料が無料なので、市場企業にとっては経営上プラス
になる要素もある。市場企業として、将来設計をしっかり立てる必要が
ある。

⑨市場企業による自主的民営化

　開設自治体の財政悪化や市場会計の枯渇・破綻で、老朽化施設の建て
直しができなくなった場合、入場している市場企業（一般には卸売会社）
が、その自治体から土地を借り受けて、自己資金で建物全体を建て直す
方式。大都市部では相当な資金が必要となる。

　内部留保が十分ある卸売会社しかできない。なお、この方式では、全
ての施設を市場企業が建てるので、一般的には民営卸売市場とするが、
公設卸売市場が維持されることも可能であるし、その例もある。また、
自治体から土地を無料で借りて、というのは、一般的には困難のようで
ある。

⑩市場企業による土地・施設の買収・完全民営化→市場内企業の体制は公設卸売市場時代の引き継ぎ

　市場企業（一般には卸売会社）に資本力と経営力量があり、開設自治
体から、土地と施設を有償譲渡を受け、市場開設者となって、民設民営
卸売市場と同じレベルの民設民営度となる方式。資金力がないと出来な
い。土地代が高い大都市圏では、莫大な資金が必要で、まず困難とされ
る。

　入場企業は最初は引き継ぐと思われるが、生殺奪与の権限を持つこと
が条件とされる場合が多く、入場企業にとっては営業継続が不安定にな
る。ちょうど、デパ地下に入場している店舗と同じで、利益を生まない
と追い出されることになる。また、そうしないと本当の意味での安定し

た威力ある卸売市場経営はできない。

⑪外部企業による公設卸売市場の買収・民営化

　卸売市場はもうからないとして、これまで大手商社や問屋企業などは興味を示さなかったが、今回の農業競争力強化プログラムで、第三者販売や商物分離の自由化の可能性に眼をつけて、卸売市場や市場企業の買収に興味を示す外部企業が出てきていると聞く。その場合は、まったく新しく土地を探して施設をつくるよりは、既存の卸売市場、市場企業を買収する方が可能性が高いが、そのまま何の変更もなく市場企業も存続させたままで引き受けるとは考えにくく、例えば大規模物流センター機能の設置など、土地確保の性格が強いと考えられる。⑫のデベロッパー方式との共通性もあるが、より卸売市場機能の充実に意欲がある場合の方式と考える。

⑫デベロッパー方式

　自治体の財政悪化で施設整備が出来なくなったなどの理由で、公設卸売市場の全体をデベロッパー企業に貸し付け、卸売市場機能を維持、ないし新設する条件で、卸売市場以外の機能による営業も認める方式。一般には空き地に縮小した卸売市場を建設し、移転させた広大な跡地に、例えば流通センター、大規模小売施設（スーパー、電気等の専門チェーン店、モール街など）、観光施設等を建設してそちらで主な収益を挙げる方式。このような利益を挙げられる業種が成り立つ地域でないと成立しない。公設卸売市場で市場会計が枯渇して公設制としての維持が困難で、立地条件がいい場合、これしかない、ということがありうる。

　大都市部には、広大な敷地の公設卸売市場がある場合が多い。それが衰退化している場合、大手企業が卸売市場運営に進出する最も魅力的な方式として、注視していると思う。これは、本当の目的は、大都市の都心部にある広大な土地にあるかも知れない。

5 違う視角からの卸売市場の変更手法

　4は公設卸売市場の公設程度が薄まる程度による分類をしたが、別の角度から見た卸売市場の改革、変更の手法も現実化しているか、する可能性が出ている。卸売市場流動化時代に入っていることを実感する。

①複数市場を持つ開設自治体で卸売市場の集約化をし、廃場とした敷地の売却等⇒卸売会社が複数市場に入場している場合などは可能性あり。廃場対象市場が都市中心部に立地するなどで商業上の価値が高い場合は効果が高い。もしそうするなら、単なる収入源として高く売れればということではなく、広面積の一等地として都市計画を考慮した、総合的判断を望みたい。

②施設を集約して余剰地を生み出し、市場外施設用地として売却するか貸し付けることで市場運営資金の足しにする⇒すでに試みている公設卸売市場もあるが、土地に価値がないとなかなか相手が見つからない。民設民営卸売市場では、東久留米地方卸売市場などで実施例がある。

③卸売市場機能は部分的で、小売施設等の機能が大部分を占めるようにする⇒入場店舗の使用料を市場運営の柱とする。公設卸売市場では説明が難しいが、4で述べたデベロッパー方式では可能性がある。民設民営卸売市場では、東京都府中市の大東京総合卸売センター（水産地方卸売市場）などに例がある。

④卸売市場の中に、直接、卸売市場には関係ないか、卸売市場法上の規定がないが広い意味で卸売市場と連携したビジネスをする企業を入れて、より広い企業活動の拠点とする⇒マルチプラットホームビジネス化。入

場業種の限定の撤廃が必要。マルチプラットホームビジネスとは、複数のグループのニーズを仲介し、グループ間の相互作用ができることによる機能高度化の場を提供するビジネス形態を指す」。

今、外部企業が卸売市場に入場しようとすると、仲卸や関連事業者などの名目でしか入れないが、それにはまりきらない企業などの場合の受け皿のしくみの工夫である。

⑤卸売市場法で規定する取扱品目に限定せず、食料品総合ないしより広い物品の物流センター機能を付与する⇒卸売市場法から外れること大なので、大手企業が入って、民営化した施設に模様替えするのが適当かも知れない。この方式では、国の関与は多くの省に亘るかも知れないが、これから検討するべき政策と考える。広い面積を要するし、都府県や市に限定しない広域連合的視野で考えるべきものである。今、深刻化している物流事情悪化にも対応可能である。いくつかの地域で実現可能性を感じている。

6　広域連合の卸売市場の場合の管理運営体制は、北海道7空港運営民営化が参考になる

北海道では、道内にある空港を民営化（民間委託）する方針を立てている。2016（平成28）年3月31日付けの北海道経済連合会の資料によると、道内の国管理の新千歳、函館、釧路、稚内の4空港は、当初から経営統合して民営化を目指すとなっている。この意味を筆者が考察するに、利用者が突出して多い新千歳空港の利益で、他の3空港の赤字を穴埋めすることにより存続を図れることや、企業的発想による航空路線の誘致、ネットワークによるセールスなど空港活性化が期待できるということであろう。強い新千歳空港の民営化が核となる。また、市管理の旭川、帯広の2空港や道管理の女満別空港については、状況を見ながら経営統合を目指すとし、合計7空港について空

第9章　公設卸売市場の将来と民設民営卸売市場　*123*

港運営会社を一本化する方針である。

　要するに、空港民営化の核心部分は、国の施設を借り受けて、入場店舗の選定や施設整備を企業が行い、その他の工夫もして収益増を目指す。その収益を着陸料の引き下げによる便数の増加など空港本来の機能の活発化につぎ込み、空港全体としての活性化を目指す、その推進力として民間活力を活用したい、ということである。

　筆者が考える広域連合卸売市場は、同一流通圏にある都府県が連合して集中的な集荷卸売市場をつくり、各都府県にある卸売市場はそのブランチとして残し、広域的な効率的集荷と地域市場機能の両立を図ろうとするものである。その都府県内の卸売市場に所属する市場企業は、公設、民設を問わず、広域連合卸売市場に関わる権利を持つが、卸売市場そのものの運営組織は、広域連合卸売市場のみならず希望するブランチ市場についても、同じ運営会社が入って、総合的な卸売市場運営をすることにより、第8章「卸売市場の多機能化と多様化—発想の拡大と転換—」で述べた多機能化、多様化の実現による運営経費の捻出と市場活性化の知恵が出てくる期待ができると考えているところである。このような取り組みによる、特にブランチ市場の賑わいの創出は、卸売市場の新しいイメージの創出にも繋がると考える。

7　広域調整・連携・連合の考え方が実現しなかった場合どうなるか

　その場合は、各卸売市場の弱肉強食の戦いとなり、系列化や廃業が進むだろう。その間隙を縫って、市場外企業の進出も考えられ、卸売市場機能の衰退ということもありうる。そうすると、公的機能の部分も弱まり、小売商や地元出荷者などが影響を受けることも考えなければならない。これは、農業者の利益に叶うためという政策にも反するのではないだろうか。

8　企業化・民営化した公設卸売市場は、民設民営卸売市場と同じではない

　第1章でのべたように、将来は多くが企業化（PFIなど）・民営化必至な公設卸売市場と、民設卸売市場の同列化（総合化）による総合的な卸売市場の公的役割の確保、その結節点は広域調整・連携・連合の考え方による、というのが現実的方向であると筆者は考えるに到り、これを第3段階と位置づけているところである。その場合に、公設卸売市場由来の民営化市場と、元々の民設民営卸売市場とは同じにはならないと述べた理由を以下に説明する。

　公設卸売市場では開設自治体が全体を見る立場ではあるが、卸売市場全体の経営を戦略的に指揮する立場にはない。かといって市場企業は横並びで、公設卸売市場のしくみとして、司令塔になる立場の存在が不在であるので、卸売市場単位の戦略の立案実行は困難である。

　一方の民設民営卸売市場は、一般には1社しかない卸売会社が卸売市場の開設者であり、仲卸や関連事業者などの許認可権を持っていて司令塔の役割が明確であり、現実にそれが実行されている。その違いが大きいということである。

　この違いを克服する唯一の方法は、公設卸売市場を大手企業が買収し、入場企業の生殺奪与権を持つことである。このようなことの実現性は高いとは言えない。

　一方、民設民営卸売市場は自己資金での卸売市場建設で一般に公設卸売市場よりも規模が小さいという弱点はあるが、1991（平成3）年のバブル崩壊後に、公設卸売市場は取扱い実績をかなり落とした卸売会社がほとんどであるが、有力な民設民営卸売市場では、この間に横ばいか、むしろ伸びているところもいくつかある。明らかに有力な元々の民設民営卸売市場の経営力は強い。

　公設卸売市場から民営化した卸売市場では、公設時代の市場企業の構成や、施設内容を引きずっているために、司令塔としての力が弱いのである。

第9章　公設卸売市場の将来と民設民営卸売市場　*125*

　規制改革推進会議の提言について筆者が、公設卸売市場の否定に繋がると指摘したが、国が民営化の方針を出すことがあったとして、その民営化した卸売市場がこのような性格であるということは念頭に置く必要がある。

9　公設卸売市場の将来について

①国や自治体財政が逼迫する中で、将来、公設卸売市場の民営化論が必ず出てくる。

②デベロッパー方式等によって、企業が公設卸売市場をそっくり買収して、オーナーとなっての民営化卸売市場以外は、司令塔を欠く、形だけの民営卸売市場にしかならず、活性化という点では期待できない。

　巨大都市の大型公設卸売市場は、開設自治体の任務も多く、一般には指定管理者制度の導入はしていない。かなりの期間、公設公営体制を維持して行くと考えられるが、PFIや指定管理者制度の導入などの動きもある。公設卸売市場では、入場している市場企業が公設制による安定性を求めるので、その変更は容易ではない。しかし国家財政が逼迫の度を増し、福祉や年金などの制度にも手を付け始めている状況下で、卸売市場の公設制の維持がどうなるか、という不安はある。市場企業も、農業競争力強化プログラムが出る事態に、これまでとは違うということを認識する必要がある。「何かあれば行政がなんとかしてくれるだろう」というような甘い認識はもはや通用しない。

　また、老朽化した施設の建て替えは必要であるが、流通環境の変化の現状と将来をよく見ての計画策定、人口減少や高齢化という社会変化が卸売市場にどう影響するか分析して、卸売市場の規模、構造等を検討しないと、将来、卸売市場が現実と乖離してくる可能性もある。これからは日本社会に大きな変化が起きると予想されるので、行政にはそのような先見性が求められる。

　大都市圏では、都府県の境を超えての卸売市場の入り組みが進んで、

自治体（特に「市」による開設）に限界が出ていることが見られる。開設運営形態について、なんらかの措置を講じないと、行政が公金で卸売市場を維持する根拠が希薄になっている。その点を直視した方針・計画を立てないと、現実との乖離がどうしようもなく進んでいる卸売市場もある。

　卸売市場取扱規模が著しく衰退した公設卸売市場については、そもそも社会的役割が縮小したわけであるから、民営卸売市場で維持するのは自由としても、公設卸売市場として公的資金をつぎ込んで維持することの是非が問題となる。ただし、卸売市場廃止となると、入場業者の営業補償、失業者対策、利用している出荷者や小売商などの反対など、難題も多くあって一筋縄ではいかない。それで使用料無料で民営化するというのは、他に選択肢がないにしても、市場企業が従来と同じことをしていれば、消滅する危険性をはらんでいる。そのときには行政はもう助けてくれない。知恵を絞って、第8章にある多機能化・多様化で生き残りを図って欲しい。

10　民設民営卸売市場の存在感拡大

　まだそれほど、公設卸売市場否定の理由にはなっていないが、民設民営卸売市場の存在感の拡大、経営戦略（展望）の実行力の差が、民営化への関心となっている。民設民営卸売市場は数は圧倒的に公設より多いが、大型民設卸売市場数は少ない。また、部類別では、花き部に多く、青果部がそれに次ぐ。水産物部で大型の卸売会社が少ないのは、水産市場では冷凍冷蔵庫その他の高額を要する施設設備が多いためである。そのため、水産の市場企業にとっては、開設自治体による設置で、使用料負担だけで入場できる公設卸売市場はありがたい存在である。

　最初からの民設民営卸売市場は、一般に開設者が卸売会社で、しかもその卸売会社1社しかない場合が多い。すると、文字通り、その卸売市場のリー

ダーとなる。入場する仲卸の認可も、開設者である卸売会社である。すべての決定権を持つので、経営自由度が高く、すばやい判断と実行が可能である。

1991（平成3）年のバブル崩壊で、公設卸売市場のほとんどはそれ以降、取扱規模が下がる一方で3〜5割とかなりの減少となっているが、有力民設民営卸売市場の中では、多くがバブル崩壊のピーク時の取扱規模を維持している。それどころか、増加している民設民営卸売市場もある。経営力がある民設民営卸売市場では、動きがとても機動性に富んでいる。

一方の公設卸売市場では、行政が開設者であることによる卸売市場法の厳密な適用（どこまでか開設自治体によって差はあるが）、多数の対等な市場企業の存在で、「船頭多くして舟進まず」状態となっているところが多い。

本章で前述したように、公設卸売市場に存在する制約・規制が、民設民営卸売市場の機動性に負けてきている現状がある。大手の民設民営卸売市場がまだ少ないので、全国的に公設卸売市場を脅かすまではいっていないが、公設卸売市場体制にゆらぎが見える今日、将来的には民設民営卸売市場の存在感が増すだろう。しかしながら、元々の民設民営卸売市場の立場から見ると、デベロッパー方式や大手企業による卸売市場進出などの動きの本格化には、警戒と絶えざる改革で追随を許さずという気持を怠ってはいけない。

11　民設民営卸売市場に対する支援のあり方

公設卸売市場制度のあり方にゆらぎが見られ、大型民設民営卸売市場の存在感が増している今日、地方においても経営を維持している民設民営卸売市場も含めて、民設民営卸売市場は社会的にも重要な役割を強めている。しかし、民設民営卸売市場に対する行政の支援は十分とは言えない。施設整備に対する行政（国や都道府県）の補助はほとんどかまったくない。これについて国の説明は、「企業に対する公金による支援に慎重」ということであった。

また、固定資産税が地元自治体から徴収されていて、かなりの負担となっているが、卸売市場の公的役割を我々も果たしているのだから、なんとか減

免してもらえないだろうか、という声が、筆者が主宰する卸売市場政策研究所にもなんどか来ている。これについても、「固定資産税の徴収権は基礎自治体にある」、という見解であった。

もっともなご意見と考えるが、公設卸売市場に対する行政支援も手厚くして欲しいが、卸売市場法を守って、公的役割を果たしている民設民営卸売市場についても、企業に対する支援という限界はあっても、できるだけ考えて欲しい。鉄道では、私鉄であっても、路線の整備等について行政の補助がある。卸売市場の公的役割という視点について、より深い討論と分析が必要である。

12 卸売市場の施設整備問題

今の卸売市場施設整備については、以下のような課題がある。

(1)「40年問題」への直面と課題

わが国の卸売市場は、すでに対応した一部を除いて、築40〜45年という古いものが多い。そのリニューアルが簡単にいかない。これを名付けて40年問題と呼んでいる。補強工事をして延命しても、せいぜい後20年といったところだろう。また、耐震診断の結果が悪く、対応が必要な卸売市場も多い。現在施設の補強という道を選んだ場合は、現在の施設による機能の制約と耐震を含めた予想外の高額が必要になる。

建て替えとした場合は、現在地建てかえか、移転か、で大きく異なってくる。今の状況で必要な機能の付与／将来の人口減少などでの社会縮小を考慮した施設規模／将来、空きスペースが出たときの対応設計／建設費の高騰による値上げ必要性と市場企業の負担への配慮の両立の考察／現在地建て替えの場合はローリング種地の状況と工事中の動線、営業への支障／移転の場合には現在地の処分方法と価格、工事費への充填の程度、その他、多くの検討事項があり、個別にしか語れない。

第9章　公設卸売市場の将来と民設民営卸売市場　　*129*

(2) しっかりした経営戦略（展望）はできているか

　これについては、第7章「戦略レベルの経営戦略（展望）の作成」で詳述しているので参照されたい。

　なお、第3章で述べた規制改革推進会議の提言をきっかけとした卸売市場制度の改革で、取引の自由度が高まることにより、大手企業が卸売市場経営に進出する機運が高まっているという話も伝わってきており、そうなると、施設整備に公金を利用できないという民設民営卸売市場の弱点も、大企業の資金源で克服される可能性も出てくる。公設卸売市場については、将来の卸売市場の姿に関する深い分析が必要となっている。

(3) 現在地再整備か、移転新設か

　長いあいだ営業してきた現在地については愛着を持つとともに、移転については、移転費用の負担、顧客が離れる心配などで、仲卸を中心として現在地での再整備を望む声が強い傾向がある。また、移転適地がない場合もある。

　現在地再整備は、今ある施設の場所がネックとなり、施設の配置や規模に制約が出る。

　ある大型卸売市場の場合、仲卸店舗を一度に空き地に移転できず、小さな空き地に細切れで仮移転して工事を進めるというローリング工法となり、仮店舗のときに客が来なくなって店がつぶれる、と反対が多く、現在地断念となった。しかし同時に今の卸売市場についての愛着断ちがたく、新市場計画が持ち上がると移転反対が多数となり、移転が難航した。現在地にどうしてもと希望するなら、多少の不便・影響は容認する姿勢になってもらわないと、話は進まなくなる。

　現在地に執着しながら、ローリング種地がない場合に、仮移転論が出ることがある。これは止めた方がいい。仮と言っても、工事期間中の1〜2年程度、卸売市場を稼働させるわけで、ある程度本格的な設備が必要になる。仮移転ではそれが完成後無駄になる。特に、水産卸売市場においては、大型冷

蔵庫が必要で、これは数十億円規模の投資を卸売会社がするわけで、短期間で用済み解体というわけにはいかない。

　移転新設の利点は、更地の場合は、現在地で営業しながら迅速に工事が進められるので、早く移転できることである。また、現在地から、より地価が安いところに移転する場合は、現在地の売却により、建設事業費の捻出に寄与できる。

　しかし、移転適地を探すのに困難な卸売市場が多い。そのときは、大型施設で空き家になっているか、そうなる施設の再利用というのも考えていい。費用対効果は非常にいい可能性がある。

(4) 今日特に必要な施設整備と留意事項

　今日、卸売市場を新築する場合に特に重要な留意事項についてまとめてみた。

①物流動線
・産地からのトラック動線は大型トラックが多いのできついカーブは避ける。荷は、卸売⇒仲卸⇒搬出を同じ方向の流れとする。最終搬出口はプラットホームとドックシェルターがあるとなおいい。
・荷下ろし場はできるだけ屋根かけとする。

②建物の配置
・卸売棟、仲卸棟は当然連続しているのが望ましい。卸売場と仲卸の荷捌き場は同じフロアにあって冷房してあるのが効率がいい。
・開設者の管理・事務棟は離れた別棟とせず、卸売場棟の中に組み込むのがよい。
・関連事業者の建物は、卸売棟の真ん中、青果棟と水産棟の間に入れる方式と、卸売棟から離して、むしろ外周道路に沿って並べる方式、などがあるが、外部者が来やすい場所だと、外部からの人の利用が見込める。

関連事業者の業種と将来の卸売市場機能を考えて決めることが大切である。観光要素を入れるなら、独立した建物と駐車場がベスト。

③建物構造

・鉄骨は防錆鉄骨構造を中心とすることが望ましい。津波の恐れがある立地であれば、壁は簡易にして津波で抜けるようにし、骨組みは残るようにすると再建が容易である。

・ループ道路やEVなどでの物流の立体化は、物流の滞留の原因となるので極力避ける。

④定低温化

・定低温化は電気代等のコストを考慮に入れながらできるだけ対応するのが望ましい。

・全館閉鎖型の定低温化は技術的には理想だが、コスト面の課題と、卸売の最中は頻繁な出入りがあるので、冷房効果が減退される。慎重な検討が必要。

⑤冷蔵庫

・冷蔵庫は卸売市場にとって維持コストが高く冷蔵庫経営は赤字が常態である。できるだけ最小限にし、卸売場や仲卸売場に密着させること。

・水産市場では、SF級の冷蔵庫はできるだけ確保するのが競争上必要である。

⑥卸売場

・将来の取扱規模を推定して、面積が過大とならないように。

・卸売場への仲卸の置き荷はコスト高になるので対策（使用ルール）を立てる。

・３温度帯が望ましい。

⑦仲卸売場

・従来からのコマ割り方式、店並べ方式でいいのかどうか。荷捌きしやすい平床方式も要検討。

・仲卸の統合により、店舗が増える場合に隣り合わせで壁や固定仕切りがない、ないし自由に仕切りが変更できる構造が望ましい。

⑧荷捌き機能

・量販店が中心的顧客となり、それへの納品が卸売市場の重要な仕事になっている。荷捌きスペースの設置、閉鎖型定温下での作業ができる施設の建設と維持が大切。

・コマ割り式の仲卸売場を見直し、平床方式の量販店対応機能の充実

⑨多機能化

・ふれあい・観光機能その他がある。第8章「卸売市場の多機能化と多様化─発想の拡大と転換─」を参照。

(5) 施設整備資金・財源、使用料等

　この項は、実際に施設整備をするときには大変重要な項となる。公設卸売市場の場合には、事業費の補助金、起債、積立金などが原資だが、農業競争力強化プログラムの方針が、補助金等にどう影響するか。将来の人口減や高齢化、などを織り込んだ規模の設定も難題である。建設コストが数倍に上がっており、計算上は使用料もその分上がるが、市場企業はそれでは経営が成り立たないと難色を示し、値上げ幅の圧縮を余儀なくされ、その分の赤字は開設自治体の財政負担となることの是非が問われる。

(6) 入場企業等の規制緩和が大切→マルチプラットホームビジネスの考え方

　卸売市場法では、入場できる業種が限られている。そのため、新しい元気

第9章　公設卸売市場の将来と民設民営卸売市場　*133*

な企業の誘致に、無理に既存業種を当てはめたりしている。農業競争力強化
プログラムの新方針では、これについても緩和することを希望する。

　より広いジャンルで、例えば大手食品卸企業などもなんらかの形で入場し
てもらうことにより、商圏の拡大が図れる場合がある。これらが本格的に実
現すれば、卸売市場の機能は強化される。マルチプラットホームビジネスの
考え方の導入と言える。

(7)　流通機能の強化

　新しい卸売市場機能の課題で重要なのは、物流センター機能である。産地
からの出荷品の品質管理された受け入れ機能を含めると、従来の卸売市場の
考え方よりも、2倍も3倍も広い面積を要することになる。これは自治体だ
けでは資金的にも行政区域的にも困難で、半官半民、ないしそれ以上に企業
の力を要するかもしれない。施設整備についても、新しい制度・政策が必要
な段階に来ているといえる。

(8)　将来の施設リニューアルは市場企業が自前でしなければならなくなる

　公設卸売市場を今、新設したとして、それが老朽化する40年か50年後に、
また行政が新設するということは、まず考えない方がいい。そのころの人口
減少社会その他の要件を考えると、その時の自治体財政は今よりはるかに厳
しいはずだからである。その時点で卸売市場が存続していて、建てかえが必
要になったときは、市場企業が建て替えるしかない可能性が高い。そのため
には、今から内部留保を厚くし、経営内容をよくしておく心構えが必要であ
る。

(9)　民設民営卸売市場の施設整備

　民設民営卸売市場においては、施設整備で有利な面と不利な面がある。
　公設卸売市場においては、仲卸数が非常に多く、コマ割りの仲卸店舗の配
置が卸売市場の面積に大きな比重を占める。また、コマ割りであるために、

仲卸の機能が変わったにもかかわらず、それに対応できておらず、さらに動きがとれなくなってきている。これの改善がむずかしく、完成したときから時代遅れとなっている。

　民設民営卸売市場では、仲卸数が少ない分、仲卸が今、求められている機能の発揮には有利に働いている。それにより、①仲卸1社当たりの店舗面積が大きい、②広い荷捌き場がある、③卸売場と一体となったスペースに仲卸用の荷捌き場がある、それも閉鎖型でドックシェルターやプラットホームとつながっている近代的装置となっている、など、効率的機能的な卸売場（卸売会社、仲卸一体化）となっている。これが非常に威力を発揮している。

　不利な面は、公的資金の援助がほとんどゼロであるということで、自己資金と融資ということになり、全額自己資金でできる場合以外は、完成後、返済に追われることになる。

　卸売市場は民設といえども、「生鮮品の流通安定に資する」公共性があり、卸売市場法も遵守している。しかるべき公的支援があってしかるべきである。まして、公設卸売市場の基盤である開設自治体の財政の将来に不安がある時代である。

　将来を考えれば、公設卸売市場と民設民営卸売市場は、お互いの長所と短所を補完し合うという意味で、卸売市場として同列に扱われるべきである。

第10章

卸売市場制度・政策のあり方の考察

【主題】
○高い卸売市場経由率を確保しているわが国の卸売市場は全方位型であるのがよい⇒大型流通にも地域流通にも幅広く対応する
○仲卸は中小、地域流通への対応に向いている。大型流通には、第三者販売、商物分離などが経済合理性がある。
○日本社会の将来の動向を踏まえる。
○これらを軸としながら、流通環境の変化に即応して役割を果たしていく考え方をベースとして卸売市場制度を組み立てていく。

新制度の考え方私論

　農業競争力強化プログラムがどのように具体化されるかはまだ想像の幅が広いが、それだけに、今は卸売市場の立場でできるだけの主張をした方がいい。

　公設卸売市場の先行きは考えなければならないが、卸売市場の公共性の確保という視点は今後も必要だと筆者は考えており、そのベースである「差別的取扱禁止原則」、「受託拒否禁止原則」は堅持するべきである。公設、民設を通した卸売市場の機能維持を目的とした卸売市場に関する規定・法律は必要だと考える。しかし今の卸売市場法は、公設卸売市場、それも中央卸売市場を中心とした法体系となっている。そのルーツは、1923（大正12）年の中央卸売市場法にあり、卸売市場法は、流通状況の変化に対応して中央卸売市

場法を手直ししながら今日に来た。しかしながら、公設卸売市場の開設運営形態が多様化し、規模の格差も著しく拡大し、財政問題等で公設卸売市場の危機直面の可能性も大きい。民設卸売市場の存在感が増している今日においては、中央卸売市場と地方卸売市場の区別も合理性と必然性を感じない。公共性ある卸売市場制度を維持する立場から、今日に適合した卸売市場制度をゼロベースで検討する時期に来ているのではないか、と考える。新制度で盛り込むべきことと考えているのは、以下の内容である。

①人口減少等、将来の社会構造の変化を想定した卸売市場制度の設計
②人口減少による取扱減少後の遊休施設対策
③都市政策全体の視野で、都市部に必要な機能との総合的調整を踏まえた卸売市場の位置づけの再検討→そのための省庁横断的政策の検討。場合によっては卸売市場の集約、移転もありうる。
④可能な場合は、卸売市場敷地内に公共的に必要な施設の複合的設置を推進→例を挙げると、足りない保育所、高齢者施設、買い物難民対策機能など。
⑤卸売市場の公的役割（差別的取扱禁止原則、受託拒否禁止原則）の堅持→零細規模でも、出荷、買い出しができるシステムの維持。ただし、差別と区別は異なる。正当な理由がある場合は、両原則の適用を除外できることを明記する。
⑥差別的取扱禁止原則に照らして問題があるときに裁定・指導する機関の設立。対象は、公設、民設を問わず、全卸売市場を対象。
⑦市場企業の経営安定のための与信管理をしっかり行うしくみをつくり、経営リスクの軽減を図る
⑧自治体財政悪化を踏まえ公の関与を漸減し、自立的組織としていく→公設卸売市場の企業化。
⑨あらゆる生産・出荷側とあらゆる川下側に対応可能な全方位型卸売市場を基本とし、それに沿った制度設計とする→ヨーロッパでは、多数小規模の問屋の集合体なので、大型量販店には対応できず、卸売市場経由率も低い。

第 10 章　卸売市場制度・政策のあり方の考察　*137*

⑩日本全体の視野での生鮮品の物流システム（商物分離も含む）の再構築

⑪地域に合った卸売市場の多様性を認める→大規模小売施設、レストラン、温泉、観光バス来場なども自由。

⑫都府県を超えた広域拠点市場については、広域レベルの集荷支援システムを構築する。これに伴い、県卸売市場整備計画などは、より広域の流通実態を踏まえたものにすることとする。また、都府県が共同で広域拠点市場を作る場合は、整備計画も共同で作成（広域連合）

⑬広域調整・連携・連合の考え方も取り入れた上で、できるだけどの卸売市場も集荷支援を受けて生き残れるようなしくみと卸売市場機能の適正配置の実現

⑭中央卸売市場と地方卸売市場の区別の再検討→区別の必要性を認めない

⑮民設民営卸売市場の卸売市場としての位置づけの公設との同列化、連携化。民設民営卸売市場へのできるだけの支援

⑯公設卸売市場の公設制のままでの企業化の追求

⑰公設卸売市場の民営化手法の追求

⑱水産卸売市場については、わが国漁業（とりわけ鮮魚部門）振興への役割が大きいことから、特段の配慮が必要である

⑲卸売市場整備費の節減を図る方策を制度化する→民間施設複合型の豊島区役所方式や、大型店舗との共同施設、利用しなくなった施設の転用などの複合施設の容認など。

⑳卸売市場単独の改革という視点ではなく、より広い視野に立った総合的物流センター機能に卸売市場を位置づけ、流通政策全体の視野で再整備することについての国家的政策の検討

㉑生鮮品以外の食料品の物流拠点機能も付与できるようにし、文字通り地域の総合的食料品の集散拠点とすることも認める

㉒物流センター機能、広域集分荷機能などの卸売市場機能としての取り込み

㉓地方で地域の維持のために卸売市場が必要という場合には、行政が関わった多機能型の特例卸売市場の制度を作る→特例卸売市場とは会計赤字でも

設立可能な、地場出荷や地場仕入れなど地方衰退防止を重視した関連政策の位置づけ。

㉔卸売市場の全体機能発揮のためのコンピュータシステムの高度化（ICT化）

㉕取引方法の抜本的再検討→できるだけの透明化と経済合理性の総合調整

㉖現状に合わない既得権益のリセット

㉗卸売会社の第三者販売、仲卸業者の直荷引きの自由化を前提としての卸売市場の機能強化の組み立て→対立関係ではなく、卸売会社と仲卸の調整を行う。

㉘卸売市場の機能強化を担う人材育成について行政支援をする

㉙卸売市場外部（実需企業、出荷側など）からの独占禁止法違反行為（優越的地位乱用行為）の根絶

㉚出荷者が、大型卸売市場（卸売会社）に他市場卸売会社への出荷分もまとめて降ろし、横持ちが発生する「通過物」について、スムース化のための制度と規定の設置

㉛場外保管場所の立地範囲の規制の廃止

㉜市場取引委員会のような、全員賛成主義にもとづく市場運営の廃止→単なる多数決は実態を反映しない。卸売市場の運営基準は差別的取扱禁止原則と受託拒否禁止原則だけとする。

㉝物流事情の悪化に対応する卸売市場への出荷手段確保対策の構築

㉞卸売市場が工業団地や準工業団地に立地していると、小売行為ができない。それにより卸売市場の多機能化、多様化の支障になっている卸売市場がある。特例として、認めてもらうよう働きかける

第11章

寸言録

○第1章から第10章までの論調とガラッと変わって恐縮であるが、せっ
かくの機会なので入れることにした。

○筆者が長年、卸売市場に研究とコンサルで関わってきた中で、いくつ
かの寸言をつくって来た。各章に入れようと思ったが、うまくはまら
ないものもある。また、ぜひ知って欲しいというものについては、本
文に埋もれてしまうのが惜しい。寸言というには長いが、単発で知っ
て欲しい情報についてもこの章に入れ、さらに他の方から聞いた、い
い話も加えて、全体として寸言録としてまとめたものである。

① 「老舗は常に新しい」

某市場で「梅爺」(尊敬を込めて)と呼ばれる仲卸経営者は、明治6年創
業の仲卸を長年守ってきた。洋菜の扱いは日本で2番目に古い本当の老舗だ
そうである。彼がいうのは、「これまで会社が保っているのは、古さを売り
物にしているのではなく、時代の動きをよくリサーチして、常に新しい取り
組みに挑戦しているからである。」ネット取引にも取り組まれている。ちな
みに、社長は今83歳(2016(平成28)年12月現在)である。

② 「従業員と議論をすることで育てる」

①と同じ梅爺は、従業員に課題を投げかけて議論をするようにしていると
いう。仲卸の中には、社長が従業員に「あれやれこれやれ」と指示するだけ
という会社もあるかもしれないが、経営という視点で意見交換をすることで、

店の繁盛を考える能力を高めるように心掛けている。議論と表現したのは、時に熱くなって、意見交換という表現よりもエキサイトすることがあるというので、こういう用語にした。これは、卸売会社や関連事業者など、他の市場企業でも大事なことではないだろうか。日々の流れ作業のような仕事の繰り返しの毎日になってはいないだろうか。そうすると、いつのまにか、時代の流れに取り残されることになる。

③「『そこをなんとか』精神で」

　ある花き卸売市場の仲卸が、「欲しいときに卸は集荷してくれない。しかたないから直荷引きしている」というので、具体的に事情を聞いて、卸売会社の担当者に聞いたところ、注文のロットが小さくて、産地から出荷してもらえない、ということだった。それはそれで理由があることだが、それで説明はついても、卸売会社の取り扱いが増えるわけではない。小ロットでも産地から出荷してもらえるにはどうすればいいか、卸売会社は考えるべきで、難しい課題で壁にぶつかって簡単にあきらめるな、という意味で「そこをなんとか」と表現した。「そこをなんとか」、の具体的方向はいくつか考えられる。

　例えば、産地側と交渉して他の品目とセットで出荷ロットを増やす、地元県の農業試験場に依頼して特産的な品種改良をしてもらう→その卸売市場で独占的に販売でき差別化できる、冷蔵庫をセットして不意の注文に備えてストックする体制を整備する、などを提案した。卸売会社などで「そこをなんとか」精神で取り組むと、社員の目標に向かった一体感を醸成でき、社員意識の高揚、会社へのアイデンティティ（生きがい感）を高めることに役立つ。

④「ありません、ガチャンはだめ」

　これは、②と関連するが、仲卸などから注文が入った時に、ロクに努力もせずに、電話を受けたその場で「ありません」、「できません」とガチャンと電話を切る卸売会社の担当者がいるという訴えを基に書いた原稿の一節であ

る。各社に聞いてみると、それに近いことはあるという。するとそれでお終いで、卸売会社の経営は低下の一途をたどることになる。このような社員を放置しておく経営者の責任である。逆に、どんな注文でも、夜通しかけても荷を確保し、買い手側から信頼を得て、毎年、15億円前後の成績を上げている社員がいる卸売会社もある。この例に学びたい。

⑤「『素人はひっこんでろ』とは何事か」

　これはある青果卸売会社の話が基になっている。最近の大型生産者団体の一部には、強い価格要求をするところがあって、それに応えて高価格を買い手側に提示すると、相場から乖離していれば受け入れられるわけもなく、安値の取引になる。すると、出荷団体側から、提示価格との差額をなんとかしろ、といわれるらしく、出荷を切られることを恐れてそれを飲むと、結果的に赤字要因になる。これが膨らんで巨額の赤字になっている卸売会社があって、経理担当重役から相談を受けたので、「赤字になる取引については、経理担当重役の承認がいるようにしたらどうか」とアドバイスし、同氏がそれを実行したところ、営業の部長から、「素人はひっこんでろ」といわれた、というものである。このケースでは、最高責任者である社長や幹部役員の姿勢がもっとも重要で、私は、断固としてこのような営業の部長は更迭すべきだと思う。このようなことを許すのは、経営者の責任であり、その社の将来は極めて憂慮される。このケースも、他社に聞いてみると、こういうことはあった、という。

　今度の農業競争力強化プログラムによると、出荷団体は、農業者（生産者）から買取販売をしなさいとなっているので、出荷団体が卸売市場に出荷するときには原価があることになる。卸売市場の相場で値を決めると、原価を割ることもありうる。水産市場ではそのようなことは始終であるが、青果市場ではあまり経験がない。卸売会社が買付集荷とすれば、制度上はクリアできるが、経営に悪影響があるとすると、あまり甘い取引は出来ない。青果市場は、水産市場のご苦労に学ぶのも一法かも知れない。

⑥「『所属卸売市場への貢献度』概念で市場活性化を」

　これは、ある中央卸売市場で、ほとんどの仕入れが直荷引きの仲卸がいて、その言い訳は、「所属市場の卸売会社がろくに荷を集めないから」というものであった。さらに、その仲卸は、市場外に土地を確保して、スーパー向けの流通センターを作り、所属市場の卸売会社とほぼ同等規模の商いをするに至った。しかも、流通センターに必要な材料は、所属市場の卸売会社からはひとつも仕入れず、他県の大市場から仕入れている。企業としての営業方法は自由であるが、その仲卸は、公設卸売市場で開設自治体の税金を投入した公設卸売市場に店舗を借りる資格がないとしかいいようがない。この件をヒントに、卸売市場政策研究所が作成した第10次意見書（2014（平成26）年11月に国の担当部署に提出）の中に、「所属卸売市場への貢献度」という概念を導入し、それが果たされていない企業を退場させることができるしくみを提案したところである。

　今度の農業競争力強化プログラムでは、筆者の想定であるが、第三者販売と直荷引きの自由化が、「刺し違え」の形で導入されるとすると、まさにお互いが反発し合って卸売市場がバラバラになりかねない。双方が話し合いで決めるという姿勢を望みたい。

⑦「身の丈にあった経営」

　1991（平成３）年のバブル崩壊以降、わが国の卸売市場は、下り坂を転げ落ちるように取り扱いが減り、多少の上下はあっても基本的には下げ止まっていないし、将来は、人口減少、高齢化などで、下がる要素はあっても、上がる要素は少ない。上がるには、全体のパイが縮小しているのだから、他を食うしかない。つまり勝ち組になるということである。その取り組みは重要であるが、入るが少なければ出るを制すしかない。

　かつての1991（平成３）年のバブル崩壊までの市場の賑わいは、もう来ないと思って、出るを制すことに注心することを「身の丈にあった経営」と表

現した。その堅実さの上に、倒れない程度の冒険、リスクに挑戦することは、伸びるためには必要であるが、イチかバチかで大損することは、破滅を招く。繁盛している神戸のアイスクリーム店の女性社長の言葉に、「屏風と店は広げたら倒れる」というのがあるそうである。繁盛しているので、店舗をチェーン展開して会社を拡大したらどうか、と言われたときの返事だそうである。

⑧「名門意識を捨てよ」

これは、⑦と同じことであるが、かつての名門、名声に寄りかかり、夢よもう一度、というのは、もうそんな時代ではない。その意味で、もう25年も前になった活気にあふれた卸売市場を知っている人は、よほど気を付けないと、その後の困難についていけなくなる、ということを警告したものである。時代は変わった、新しい発想で取り組まなければ通用しない、経験主義はほとんど通用しないということである。活況期を知っている社員は50歳代以上で、要職についていることが多い。よほど心していただかないといけない。

青果では、名のある大型出荷団体から出荷先の指定を切られることを恐れる意識の中に、「当社のような名門卸売会社が指定を切られたら恥ずかしい」というような意識があって、大きな赤字要因を作っているようなことだけは避けて欲しい。その意味での、「名門意識は捨てよ」である。開き直って、考え方を変えて活路を見いだして欲しい。そのような成功例もけっこうある。

⑨「なかよしクラブはダメ」

これは特に仲卸にいえることであるが、数いる仲卸どうしが、あまり波風も立てず、棲み分けして軒を並べるのは、楽ではあるが、市場外との競争力の確保という点では、弱体になりやすい。強力な経営力を持っていて、みんなを脅かすような仲卸こそ、卸売市場改革の牽引力になる。

こういう経営者は、他の仲卸は来て欲しくないので、新規募集で応募すると、陰に陽に反対するということがある。逆で、みんなが警戒するような企業こそ、改革の牽引力になり、結果としてその卸売市場の活性化に貢献でき

る。その意味で、仲卸の新しい風を入れることができるしくみが重要である。公設卸売市場ではなかなかできないが、民設卸売市場では、卸売会社が開設者（＝オーナー）である場合が多いので、チェンジはかなりやりやすく、さらに、元々仲卸数が少なく、強力な仲卸との連携で強力な市場競争力を確保しやすい。すべてに平等主義の公設卸売市場の弱点といえる。

⑩「既得権益の期限付き化でリセットを」

　既得権益とは、昔は正当な理由があって確保した、ないし与えられた権利が、時代が変わって正当でなくなったのに、手放さない権利を差す。これがまかり通ると、敷地の利用などに支障が出ている例がある。また、資金のやり取りなどでも、既得権益化していて、その卸売市場の発展の阻害要因になっているものも、あるかもしれない。権利は10年などの期限制にして、一度リセットして見直しながら、その時点で最適なシステムにしていくということは、卸売市場が時代遅れとならないために、重要なことである。

⑪「卸売市場の司令塔をどうつくるか」

　民設卸売市場では、一般に卸売会社が開設者であり、その卸売市場全体の司令塔である。すると、他市場や市場外との戦いの先頭に立って、すばやい決断と指揮が取れる。一方、公設卸売市場では、開設者は自治体であり、他市場などとの戦いの司令塔という立場ではない。民設卸売市場のような司令塔は不在である。何か困難があると、開設者を頼りにするという意識は否定できない。しかし、開設者は自治体であり、対応には限界がある。十分な規模の施設の提供などがされるという公設卸売市場の利点を踏まえながらも、どう経営戦略的な作戦が立てられるかは、公設卸売市場の最大の課題であるが、たぶんこのままでは解決できないだろう。卸売市場の再整備に当たっては、開設運営形態の改革は避けられない。それを早くできた卸売市場が勝ち組になる。

第 11 章　寸言録　*145*

⑫「市場間・市場外との競争は陣地戦」

　卸売会社の取扱規模のじり貧状態が止まらない、ある卸売会社の社員研修の依頼を受けた。一般論を長々おしゃべりしても面白くないし、居眠り剤となるのが落ちなので、円卓囲んだ机配置にして真ん中に大きな地図を置き、スーパー店舗の場所を赤で印をしてもらい、その店にはどこの卸売市場から納入されているか、担当品目の社員にいわせた。そして、もし他市場から納入されていれば、どうして地元市場が納められないか、を説明してもらった。なかなか言えない人がほとんどだったが、それも勉強の刺激になる。

　納められないところは理由があるはずで、それを聞き出して、取り返す作戦を立てる。1店ずつ取っていく、取ったところは守る、まさにひとつひとつの陣地戦が大切だ、と強調した。早朝からの取引の勤務で、午後遅くまで、このような営業活動をするのは無理だと思われるので、早朝勤務から相当数の社員を割いて、このような部隊を作ることが大切である。相対取引が中心となった今日、早朝偏重型の勤務形態を変えて、昼間の部隊の増強を図ったらどうか。

⑬「みんなで立ち向かえば無理も引っ込む」

　ある公設卸売市場での話である。仲卸の組合長が、某大手スーパーのバイヤーから、「仕入れをしてやる代わりに当社（バイヤー所属のスーパー）の株を買って欲しい」と言われた、という。これは明らかに独占禁止法の優越的地位の濫用行為にあたるが、取引がなくなると困るので泣き寝入りというよくあるケースである。しかしその組合長は骨があった。全組合員に呼びかけて、みんなで拒否することにしたのである。すると、しばらくして、かのバイヤーは、もうそれは言わないから取引して欲しい、と言ってきたという。農業競争力強化プログラムが具体的にどのようになるかはわからないが、もしこのような無理難題があったら、みんなで結束して当たることにより、経営に大きな損害が出ずに済むかも知れない。農業競争力強化プログラムにも、

「公正取引委員会は、量販店等の不公正取引（優越的地位の濫用による買いたたき等）を是正するため、徹底した監視を行う。」とあるから、大いに活用しよう。時代の変わり目である。意識も変えようではないか。

⑭「決まらないシュートは打たない」

　日本サッカーの弱点は決定力不足。その理由は、とりあえずシュートを打つということ。同志社大学OBの元Jリーガーで同大のテクニカルディレクターを務める中西哲生氏はこう指摘し、「決まらないシュートは打たない」という理論を展開。つまり、どうしたらシュートが決まるか、を研究し、その技術を磨くことに徹する。シュート数は少なくても効率よく得点できる。実際にこれで勝っている。これを卸売市場に当てはめると、情報収集、分析、会社の力量との比較と人材の手当、そして判断、の能力を高めるということである。もちろん、経営陣の能力を高めることが第一である。その先頭に立つ社長は、安易な世襲ではだめ。2代目でつぶれた卸売会社は数知れない。少ない社員数で効率よく実績を上げないと、人海戦術を展開する数などいないはずである。

⑮「昭和時代との決別」

　卸売市場にとっての昭和時代は、1927（昭和2）年に開場した京都市中央卸売市場に始まる中央卸売市場時代の幕開けから、先の大戦を挟んで高度経済成長期に、中央卸売市場と公設地方卸売市場の最盛期を迎えた。それが、いつの間にか、市場数の過剰化、取引の大型化に伴う取引規制緩和や市場間格差拡大、などが続いて卸売市場の変質が始まっていた。年号が平成に入ってまもなくの1991（平成3）年が取扱規模のピークとなったが、その後はバブル崩壊後は坂道を転げ落ちるように、一部の民設民営卸売市場を除いて、取扱規模減少傾向が続くようになった。

　バブル崩壊前のあの賑わいはもう戻って来ない。新しい発想でないと、卸売市場の衰退は続く。ということを肝に銘じて欲しくて、この言葉を使っている。

⑯「こんな卸売市場もある―青森県南部町・町営の卸売市場―」

　2014（平成26）年に、表題卸売市場に講演に行った際に、翌朝、同卸売市場を見学させていただいて感銘を受けた。筆者は不勉強で知らなかったことだが、同市場は南部町営で、南部町は東北でも有数の果物産地で、それを生産者に有利販売することが目的で、卸売会社（というか卸売人）は、南部町職員がセリを行っている。同町のホームページによると、仲卸は13名、売買参加者は23名で、決済は卸売市場の前にある農協の窓口が担っている。元々、戦前に旧向村・村内の有志が設立した市場が起源で、1949（昭和24）年に村営で三戸駅前広場（現在、東北新幹線の駅がある）を国鉄から借用して、相対売市場として開設し、その後、曲折を経て1966（昭和41）年に現在地で開設、セリ市場となり、1975（昭和50）年に青森県知事から地方卸売市場の開設認可を受けた。1991（平成3）年に第4次青森県卸売市場計画に基づいて新築し、同年度には44億円を扱う市場として成長し、地元果物の販売・振興に大いに貢献している。

　見たのは8月であったが、良質の桃がたくさん入荷していた。町職員がセリ人なので、公平無私の本来の卸売市場で、2013（平成25）年度の取扱金額は、多少減ったものの、27億円を計上している（食流機構資料による）。市場会計も利益を上げており、立派なものである。

　このように、地元産品の振興のために、自治体職員がセリ人となって、品物の商品性の高さを評価した仲卸が13名もセリに参加し、青果物では珍しい産地市場としての役割をよく果たしていて、感銘を受けた。

　このような産地振興のための公設卸売市場もある。卸売市場の役割の奥深さを実感したところである。このような卸売市場についても、国の方でわが国農業振興のひとつの政策として、ご配慮いただければありがたい。

参考文献一覧

第1章　激動の幕開けと新時代の展望
- 細川允史「司令塔不在の公設卸売市場」『農林リサーチ』2015年3月号（農経企画情報センター）
- 細川允史「限界に来た卸売市場の制度疲労と農業競争力強化プログラムの意味」『生鮮EDI』平成28年12月号（生鮮取引電子化推進協議会）

第2章　今の卸売市場の状況分析概括
- 細川允史「卸売市場の情勢と今後の取り組み」『野菜情報』2014年3月号（農畜産業振興機構）
- 細川允史「魚眼レンズで見た水と青と花の卸売市場」『アクアネット』2015年1月号（湊文社）
- 細川允史「水産卸売市場についての考察―他部類との比較論―」『全水卸』2016年1月号（全水卸協会）
- 細川允史「中央拠点市場制度はなぜ潰えたか」『農林リサーチ』2016年2月号（農経企画情報センター）
- 細川允史「これからの水産卸売市場の展望」『全水卸』2016年5月号（全水卸協会）
- 細川允史「卸売市場復権と消費拡大」『農林リサーチ』2016年6月号（農経企画情報センター）
- 細川允史「低成長社会長期化時代の生鮮品販売」『農林リサーチ』2016年11月号（農経企画情報センター）

第3章　政府決定『農業競争力強化プログラム』の分析と卸売市場の対応
- 細川允史「仲卸の直荷問題」『農林リサーチ』2013年11月号（農経企画情報センター）
- 細川允史「見直し迫られる卸と仲卸の関係」『農林リサーチ』2015年5月号（農経企画情報センター）
- 細川允史「第10次卸売市場整備基本方針と卸売市場の将来方向」『生鮮EDI』2016年9月号（全国水産卸協会）
- 細川允史「規制改革推進会議の提言」『農林リサーチ』2016年12月号（農経企画情報センター）
- 細川允史「「対岸の火事」ではない「農業競争力強化プログラム」」『全水卸』2017年1月号（全水卸協会）

第4章　市場間格差拡大の深刻化
- 細川允史「卸売市場の変化と中央拠点市場制度」『果実日本』2011年8月号（日本園芸農業協同組合連合会）
- 細川允史「立地、機能に応じた市場間での役割分担と連携強化について」『農林リサーチ』2015年8月号（農経企画情報センター）
- 細川允史「中央拠点市場制度はなぜ潰えたか」『農林リサーチ』2016年2月号（農経企画情報センター）

第5章　市場間格差拡大の対応策Ⅰ─実効性ある集荷支援システムの提案─
- 細川允史「立地、機能に応じた市場間での役割分担と連携強化について」『農林リサーチ』2015年8月号（農経企画情報センター）

第6章　市場間格差拡大の対応策Ⅱ─広域調整・連携・連合の考え方─
- 細川允史「公設卸売市場の危機とわが国卸売市場制度の考察」日本流通学会全国大会自由論題報告　2016年10月16日（於：専修大学）

第7章　戦略レベルの経営戦略（展望）の作成
- 細川允史「卸売市場の活性化策をどうつくるか」『アクアネット』2010年7月号（湊文社）
- 細川允史「卸売市場の経営戦略的視点と果実流通」『果実日本』2011年9月号（日本園芸農業協同組合連合会）
- 細川允史「卸売市場はどう変わるか─第9次卸売市場整備計画で求められる経営戦略─」『農業と経済』2012年12月臨時増刊号（昭和堂）
- 細川允史「司令塔不在の公設卸売市場」『農林リサーチ』2015年3月号（農経企画情報センター）
- 細川允史「各卸売市場における経営戦略の確立」『農林リサーチ』2015年6月号（農経企画情報センター）
- 細川允史「卸売市場の将来は人材確保・育成にかかっている」『農林リサーチ』2015年11月号（農経企画情報センター）
- 細川允史「卸売市場の性格分析による戦略方針の設定」『全水卸』2015年11月号（全国水産卸協会）
- 細川允史「経営展望は終わり？「実行力が問題」」『農林リサーチ』2016年7月号（農経企画情報センター）
- 細川允史「実効性と実行性経営戦略を目指して」『農林リサーチ』2016年10月号（農経企画情報センター）

第8章　卸売市場の多機能化と多様化─発想の拡大と転換─
- 細川允史「小売・消費者にとっての水産卸売市場の課題」『アクアネット』2010

年 6 月号（湊文社）
- 細川允史「市場食堂から見た公設卸売市場の性格考」『農林リサーチ』2015年 9 月号（農経企画情報センター）
- 細川允史「卸売市場企業としてANAに学ぶ点」『農林リサーチ』2016年 4 月号（農経企画情報センター）
- 細川允史「卸売市場　異業種に学ぶことはあるか」『農林リサーチ』2015年10月号（農経企画情報センター）

第9章　公設卸売市場の将来と民設民営卸売市場
- 細川允史「公設卸売市場の行方」『農林リサーチ』2014年11月号（農経企画情報センター）
- 細川允史「変貌する民設卸売市場」『農林リサーチ』2014年12月号（農経企画情報センター）
- 細川允史「司令塔不在の公設卸売市場」『農林リサーチ』2015年 3 月号（農経企画情報センター）
- 細川允史「人口減少社会と卸売市場」『農林リサーチ』2015年12月号（農経企画情報センター）
- 細川允史「空港運営民営化と卸売市場」『農林リサーチ』2016年 8 月号（農経企画情報センター）

第10章　卸売市場制度・政策のあり方の考察
- 細川允史「激動する流通構造―卸売市場制度の変容過程と再編方向―」『生活協同組合研究』1994年 8 月号（生協協同研究所）
- 細川允史「制度崩壊への維新前夜」『農林リサーチ』2015年 1 月号（農経企画情報センター）2015年 2 月号（農経企画情報センター）
- 細川允史「現行法ではもはや乗り切れない―国力衰退と卸売市場の行方―」『農林リサーチ』2015年 2 月号（農経企画情報センター）

第11章　寸言録
- 細川允史「集荷努力をおこたらず身の丈に合った経営を」『農林リサーチ』2015年 4 月号（農経企画情報センター）
- 細川允史「見直し迫られる卸と仲卸の関係」『農林リサーチ』2015年 5 月号（農経企画情報センター）
- 細川允史「市場訓語録」『農林リサーチ』2015年 4 月号（農経企画情報センター）
- 細川允史「決まらないシュートは打たない」理論に学ぶ」『農林リサーチ』2016年 5 月号（農経企画情報センター）

著者略歴

細川 允史（ほそかわ　まさし）

卸売市場政策研究所代表
1943年　東京生まれ
1968年　東京大学農学部農業生物学科「園芸第一教室」卒業
1970年　東京都庁に入庁
　　　　以来、東京都中央卸売市場食肉市場業務課長、同大田市場業
　　　　務課長、労働経済局農林水産部農芸緑生課長、中央卸売市場
　　　　監理課長、東京都農業試験場長などを歴任
1993年　農学博士号取得（東京農工大学連合大学院）
1994年　日本農業市場学会賞受賞
1997年　酪農学園大学食品流通学科教授に就任
2011年　酪農学園大学勤務終了
同年　　卸売市場政策研究所を設立、代表に就任。現在に至る

　　　現在、総務省地方公営企業等経営アドバイザー、食品流通構造改善
　　　促進機構・評議員、東京都中央卸売市場業務運営協議会委員、室蘭
　　　市公設地方卸売市場運営協議会委員、日本農業市場学会名誉会員、
　　　日本流通学会参与

激動に直面する卸売市場
農業競争力強化プログラムを受けて

2017年2月3日　第1版第1刷発行

定価はカバーに表示してあります。

著　者　細川 允史
発行者　鶴見 治彦
発行所　筑波書房

〒162-0825 東京都新宿区神楽坂 2-19 銀鈴会館
☎ 03-3267-8599　郵便振替 00150-3-39715
http://www.tsukuba-shobo.co.jp

ISBN978-4-8119-0501-3　C3033
ⓒ Masashi Hosokawa 2017 printed in Japan

印刷・製本＝平河工業社